Easy 시리즈 25

쉽게 배워 폼나게 활용하는

파워포인트

PowerPoint 2021

2021

IT연구회

해당 분야의 IT 전문 컴퓨터학원과 전문가 선생님들이 최선의 책을 출간하고자 만든 집필/감수 전문연구회로서, 수년간의 강의 경험과 노하우를 수험생 여러분에게 전달하고자 최선을 다하고 있습니다.

IT연구회에 참여를 원하시는 선생님이나 교육기관은 ccd770@hanmail.net으로 언제든지 연락주십시오. 좋은 교재를 만들기 위해 많은 선생님들의 참여를 부탁드립니다.

권경철_IT 전문강사	김경화_IT 전문강사	김선숙_IT 전문강사
김수현_IT 전문강사	김 숙_IT 전문강사	김시령_IT 전문강사
김현숙_IT 전문강사	남궁명주_IT 전문강사	노란주_IT 전문강사
류은순_IT 전문강사	민지희_IT 전문강사	문경순_IT 전문강사
박봉기_IT 전문강사	박상휘_IT 전문강사	박은주_IT 전문강사
문현철_IT 전문강사	백천식_IT 전문강사	변진숙_IT 전문강사
송기웅_IT 및 SW전문강사	송희원_IT 전문강사	신동수_IT 전문강사
신영진_신영진컴퓨터학원장	윤정아_IT 전문강사	이강용_IT 전문강사
이은미_IT 및 SW전문강사	이천직_IT 전문강사	임선자_IT 전문강사
장명희_IT 전문강사	장은경_ITQ 전문강사	장은주_IT 전문강사
전미정_IT 전문강사	조영식_IT 전문강사	조완희_IT 전문강사
조정례_IT 전문강사	차영란_IT 전문강사	최갑인_IT 전문강사
최은영_IT 전문강사	황선애_IT 전문강사	김건석_교육공학박사
김미애_강릉컴퓨터교육학원장	은일신_충주열린학교 IT 전문강사	양은숙_경남도립남해대학 IT 전문강사
엄영숙_권선구청 IT 전문강사	옥향미_인천여성의광장 IT 전문강사	이은직_인천대학교 IT 전문강사
조은숙_동안여성회관 IT 전문강사	최윤석_용인직업전문교육원장	홍효미_다산직업전문학교

BM (주)도서출판 성안당

Easy 시리즈 ㉕ 쉽게 배워 돕아게 활용하는

파워포인트 2021
PowerPoint 2021

2024. 3. 20. 초 판 1쇄 인쇄
2024. 3. 27. 초 판 1쇄 발행

지은이 | 한정수
펴낸이 | 이종춘
펴낸곳 | BM ㈜도서출판 성안당
주소 | 04032 서울시 마포구 양화로 127 첨단빌딩 3층(출판기획 R&D 센터)
| 10881 경기도 파주시 문발로 112 파주 출판 문화도시(제작 및 물류)
전화 | 02) 3142-0036
| 031) 950-6300
팩스 | 031) 955-0510
등록 | 1973. 2. 1. 제406-2005-000046호
출판사 홈페이지 | www.cyber.co.kr
내용 문의 | thismore@hanmail.net
ISBN | 978-89-315-6175-3 (13000)
정가 | 18,000원

이 책을 만든 사람들
책임 | 최옥현
진행 | 최창동
본문 디자인 | 인투
표지 디자인 | 박원석
홍보 | 김계향, 유미나, 정단비, 김주승
국제부 | 이선민, 조혜란
마케팅 | 구본철, 차정욱, 오영일, 나진호, 강호묵
마케팅 지원 | 장상범
제작 | 김유석

이 책의 어느 부분도 저작권자나 BM ㈜도서출판 성안당 발행인의 승인 문서 없이 일부 또는 전부를 사진 복사나 디스크 복사 및 기타 정보 재생 시스템을 비롯하여 현재 알려지거나 향후 발명될 어떤 전기적, 기계적 또는 다른 수단을 통해 복사하거나 재생하거나 이용할 수 없음.

■ 도서 A/S 안내

> 성안당에서 발행하는 모든 도서는 저자와 출판사, 그리고 독자가 함께 만들어 나갑니다.
> 좋은 책을 펴내기 위해 많은 노력을 기울이고 있습니다. 혹시라도 내용상의 오류나 오탈자 등이
> 발견되면 **"좋은 책은 나라의 보배"**로서 우리 모두가 함께 만들어 간다는 마음으로 연락주시기
> 바랍니다. 수정 보완하여 더 나은 책이 되도록 최선을 다하겠습니다.
> 성안당은 늘 독자 여러분들의 소중한 의견을 기다리고 있습니다. 좋은 의견을 보내주시는 분께는
> 성안당 쇼핑몰의 포인트(3,000포인트)를 적립해 드립니다.
> **잘못 만들어진 책이나 부록 등이 파손된 경우에는 교환해 드립니다.**

쉽게 배워 폼나게 활용하는(Easy) 시리즈는 컴퓨터 초보자를 위한 도서로서, 일선에서 활동하고 계시는 여러 선생님들이 집필에 직접 참여하시거나 제작 과정에 참여하시어 보다 좋은 내용의 교재로 출간되었습니다. 가장 쉽게 효율적으로 학습할 수 있도록 내용을 충실히 수록하였으며, 큰 글씨와 큰 그림으로 학습하시는 데 전혀 불편함이 없도록 구성하였습니다.

쉽게 배워 폼나게 활용하는 시리즈는 다음과 같은 특징을 가지고 있습니다.

첫째, 전국컴퓨터교육협의회 공식 추천도서

전국의 IT 교육을 책임지는 컴퓨터학원 모임인 전국컴퓨터교육협의회에서 도서의 내용과 구성 등에 참여하였고, 전국의 많은 컴퓨터학원에서 본 도서를 기본 교재로 추천하여 사용하고 있습니다.

둘째, 실용적인 예제

실생활에서 활용할 수 있는 기능들을 따라하기 해설로 자세하게 설명하였습니다. 또한, 가독성을 높이기 위해 최대한 큰 글씨와 큰 그림으로 편집되었기에 학습에 전혀 불편함이 없습니다.

셋째, 혼자 풀어보기

본문에서 설명한 기능들을 유사한 연습문제를 통해 반복 학습할 수 있게 하여 기능을 쉽게 배울 수 있도록 하였습니다.

넷째, GAMMA 활용하기

대화형 인공지능 서비스인 GAMMA를 이용하여 파워포인트의 기능을 좀 더 쉽게 활용하는 방법을 학습해 봅니다.

다섯째, 무료 동영상 강의 및 예제/완성 파일

본문의 전체적인 내용을 저자가 직접 동영상으로 강의하여 책 속의 내용을 쉽게 배울 수 있도록 하였습니다. 또한 예제/완성 파일을 제공하여 책 속의 내용을 함께 따라하면서 배울 수 있도록 하였습니다. 무료 동영상 강의와 예제/완성 파일은 성안당 홈페이지(www.cyber.co.kr)의 [자료실]-[자료실]에서 다운로드하여 학습할 수 있으며, 스마트폰으로도 학습할 수 있답니다.

Easy 시리즈의 예제/완성 파일과 무료 동영상 강의 파일은 성안당 도서몰 사이트(https://www.cyber.co.kr/book/)에서 다운로드합니다.

① 'https://www.cyber.co.kr/book/'에 접속하여 로그인(아이디/비밀번호 입력)한 후 [자료실]을 클릭합니다.

② 「easy」를 입력하고 검색한 후 도서 제목((easy 25) 쉽게 배워 폼나게 활용하는 파워포인트 2021)을 클릭합니다.

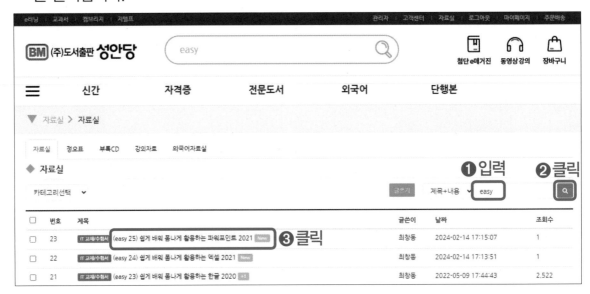

③ 「315 – 5952」 압축 파일을 클릭하여 다운로드합니다. 로그인을 하지 않으면 해당 파일이 보이지 않습니다.

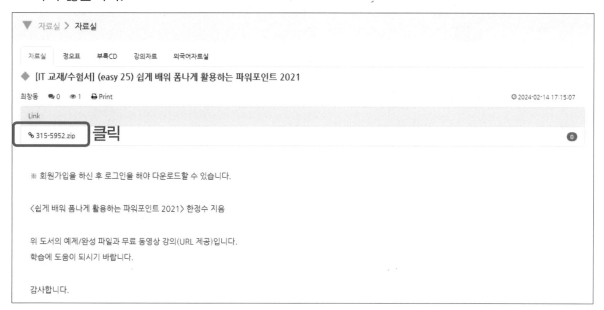

④ 다운로드한 압축 파일은 [다운로드]에서 확인합니다. 다운로드한 파일을 바탕화면이나 임의의 경로로 이동한 후 마우스 오른쪽 버튼을 클릭하여 [압축 풀기] 메뉴로 압축을 해제합니다. 압축을 해제하면 [1장]~[12장] 폴더에는 학습에 필요한 예제 파일과 완성 파일이 있으며, [동영상강의] 폴더에는 유튜브 URL을 제공하여 1장~12장 본문의 학습 내용을 저자 직강 동영상 강의로 학습할 수 있습니다.

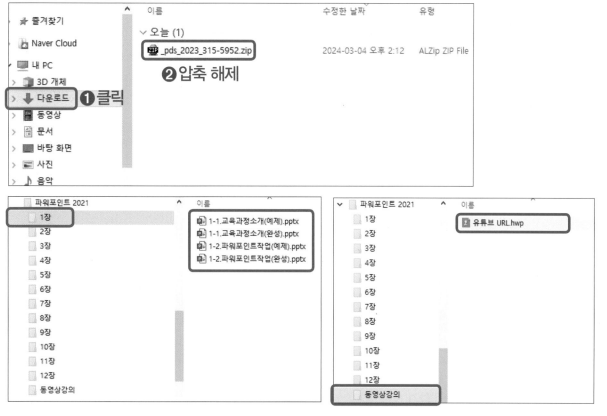

※ 각 장의 완성 파일 미리보기에 있는 QR코드를 이용하면 스마트폰으로도 저자 직강 동영상 강의를 학습할 수 있습니다.

[자료 다운로드]

성안당 홈페이지(www.cyber.co.kr)-[자료실]
- 무료 동영상 강의
- 예제/완성 파일

파워포인트 2021 시작하고 종료하기

파워포인트 2021의 기본적인 화면 구성에 대하여 학습하고, 슬라이드 작업 상태에 맞게 기본, 여러 슬라이드, 읽기용 보기, 슬라이드 쇼 등을 선택하여 화면 보기를 전환하는 방법에 대하여 알아봅니다. 예제 서식 파일을 이용하여 프레젠테이션을 작성한 후 슬라이드를 이동 및 복사하는 방법과 프레젠테이션 문서를 저장하는 방법에 대하여 알아봅니다.

완성파일 미리보기

무료 동영상

◎ 예제 파일 : 파워포인트 2021₩1장₩1-1.교육과정소개(예제).pptx
◉ 완성 파일 : 파워포인트 2021₩1장₩1-1.교육과정소개(완성).pptx

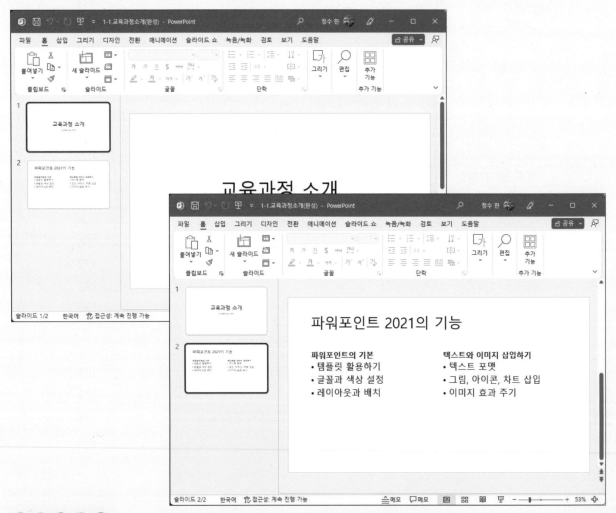

체크포인트

실습1 파워포인트 2021을 시작하고 종료하는 방법에 대하여 알아봅니다.

실습2 파워포인트 2021의 화면 구성 요소에 대하여 알아봅니다.

실습3 슬라이드를 편집하는 방법에 대하여 알아봅니다.

실습4 슬라이드를 작성하고, 저장하는 방법에 대하여 알아봅니다.

실습1 파워포인트 2021 시작하고 종료하기

파워포인트 2021은 [시작] 메뉴에 등록된 프로그램 목록이나 바탕화면의 바로가기 아이콘을 이용하여 시작할 수 있습니다.
이번 장에서는 프로그램을 실행하여 기본적인 슬라이드를 작성한 후 파일을 저장 및 종료하는 방법에 대해 살펴봅니다.

파워포인트 2021 시작하기

① 윈도우에서 [시작]–[모든 앱]을 클릭합니다.

② [PowerPoint] 아이콘을 클릭하여 실행합니다.

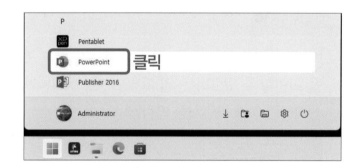

③ 파워포인트 2021이 실행되면 [새 프레젠테이션]을 클릭합니다.

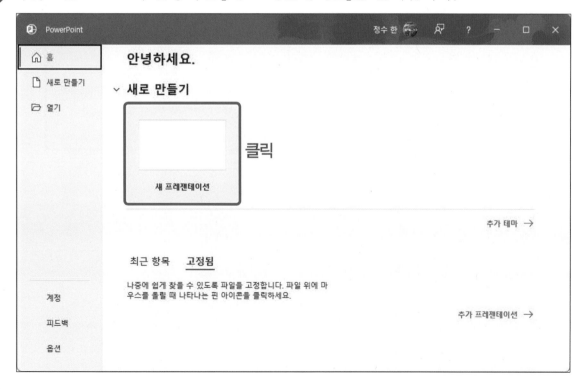

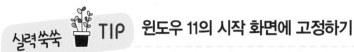 **실력쑥쑥 TIP** 윈도우 11의 시작 화면에 고정하기

시작 메뉴에 있는 [PowerPoint] 아이콘에서 마우스 오른쪽 버튼을 클릭한 후 바로가기 메뉴에서 [시작 화면에 고정]을 클릭하면 시작 화면에 파워포인트 2021 아이콘이 등록되어 편하게 시작할 수 있습니다.

실력쑥쑥 TIP 파워포인트 버전 확인하기

[파일] 그룹에서 [계정]을 클릭한 후 오른쪽에 제품 정보를 확인하면 현재 파워포인트의 버전을 확인할 수 있으며, 만일 파워포인트의 메뉴가 어둡게 나타나면 'office 테마'에서 '색상형'을 선택하면 아래 화면처럼 변경됩니다.

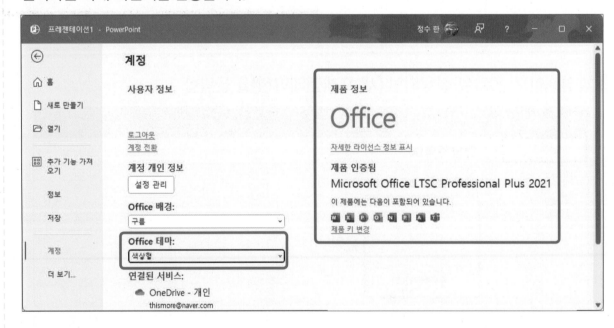

파워포인트 2021 종료하기

4 파워포인트를 종료하려면 제목 표시줄 오른쪽의 [닫기 ✖]를 클릭하거나 [파일] 탭을 클릭한 후 [닫기]를 클릭합니다.

클릭

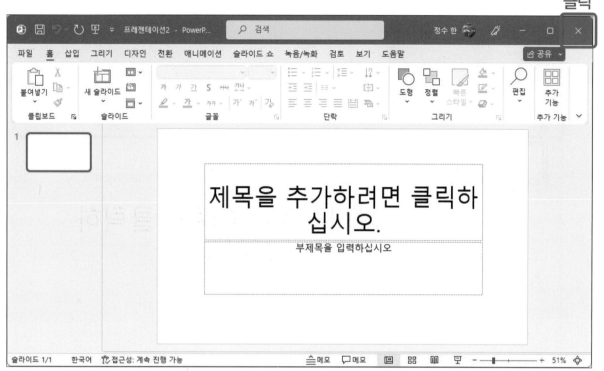

 TIP

파워포인트 2021에서 바로가기 키 Alt + F4 키를 눌러도 종료됩니다.

파워포인트 2021 기본 화면은 리본 메뉴, 슬라이드 및 개요 창, 작업 창 등으로 구성되어 있습니다. 파워포인트 2021 화면의 구성요소에 대하여 알아보겠습니다.

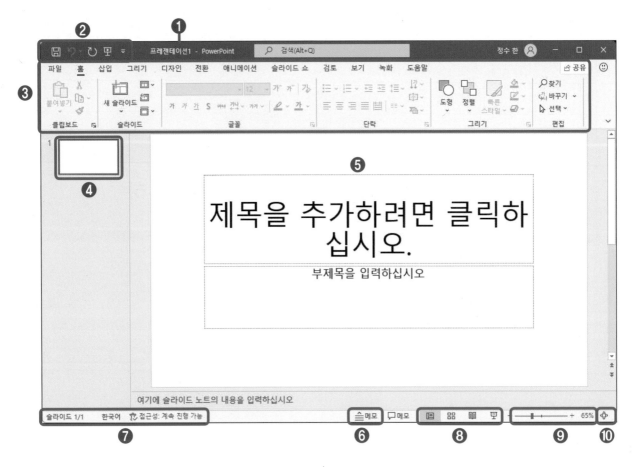

❶ **제목 표시줄** : 현재 열려 있는 파일의 이름을 표시합니다.

❷ **빠른 실행 도구 모음** : 파워포인트에서 자주 쓰는 도구를 빠르게 실행할 수 있도록 도구를 등록할 수 있습니다.

❸ **리본 메뉴** : 파워포인트에서 사용하는 작업 도구들을 각각의 탭으로 구성하여 제공합니다. Ctrl + F1 키를 누르면 리본 메뉴를 숨기거나 나타나도록 설정할 수 있습니다.

❹ **슬라이드 보기 창** : 슬라이드 미리보기를 볼 수 있는 곳으로, 해당 슬라이드를 이동하거나 마우스 오른쪽 버튼을 클릭하여 표시되는 메뉴에서 슬라이드 복제, 삭제 등의 명령을 선택할 수 있습니다.

❺ **슬라이드 창** : 슬라이드를 작업하는 공간으로 텍스트, 도형, 차트, 그림 등의 여러 가지 개체를 삽입하여 슬라이드를 구성할 수 있습니다.

❻ **슬라이드 노트 창** : 슬라이드 내용에 대한 설명을 입력하는 곳으로, 입력된 내용은 유인물 형태로 입력할 수 있습니다.

❼ **상태 표시줄** : 작업 중인 슬라이드의 번호와 전체 슬라이드 수 표시, 맞춤법 검사 실행, 한글/영문 입력상태 등이 표시됩니다.

❽ **보기 단추** : 기본 보기(🖵), 여러 슬라이드 보기(🞑🞑), 읽기용 보기(🕮), 슬라이드 쇼(🖵) 등의 화면 보기로 전환할 수 있습니다.

❾ **확대 축소** : 슬라이드 화면 크기를 10%~400%까지 조절할 수 있습니다.

❿ **창 크기 맞춤** : 슬라이드를 현재 창의 크기로 맞춰 줍니다.

실력쑥쑥 🌱 **TIP** **보기 단추**

- [기본 🖵] : 프레젠테이션의 기본 화면으로 모든 슬라이드 구성과 한 슬라이드에 대한 작업을 수행하는 보기로 전환합니다.
- [여러 슬라이드 🞑🞑] : 한 화면에 프레젠테이션의 모든 슬라이드를 동시에 표시하는 것으로 프레젠테이션 구성을 쉽게 확인할 수 있습니다.
- [읽기용 보기 🕮] : 프레젠테이션을 대형 화면으로 표시하는 것이 아니라 특정인이 자신의 컴퓨터에서 프레젠테이션을 보도록 할 때 사용합니다.
- [슬라이드 쇼 🖵] : 현재 슬라이드부터 슬라이드 쇼를 실행하는 것으로 모든 작업을 마친 후에 실제로 프레젠테이션을 할 수 있습니다.

실습 **3** 기본 슬라이드 작성하고 저장하기

슬라이드는 파워포인트를 구성하는 하나의 화면으로 파워포인트 2021에서는 11가지의 슬라이드 레이아웃을 제공합니다. 이번 실습에서는 기본 슬라이드에 간단한 텍스트를 입력하고, 레이아웃을 변경한 후 저장해 봅니다.

기본 슬라이드 작성하기

1 파워포인트를 실행하여 [새 프레젠테이션]을 클릭한 후 생성된 제목 슬라이드 화면에서 제목 텍스트 상자와 부제목 텍스트 상자에 다음과 같이 내용을 입력합니다.

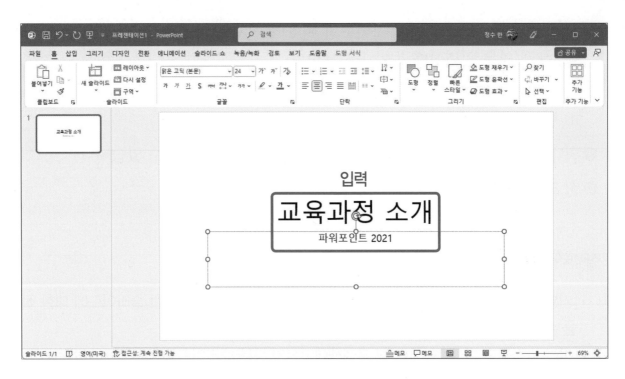

실력쑥쑥 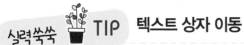 TIP **텍스트 상자 이동**

제목 상자에 내용을 입력한 후 Ctrl + Enter 키를 눌러 부제목 상자로 커서를 이동할 수 있습니다.

❷ 새로운 슬라이드를 추가하기 위해 [홈] 탭-[슬라이드] 그룹에서 [새 슬라이드 🔲] 도구를 클릭합니다.

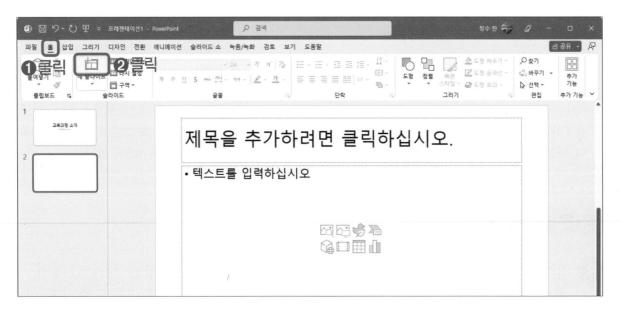

실력쑥쑥  TIP

슬라이드 추가 : Ctrl + M 키 또는 Enter 키를 누르면 '제목 및 내용' 슬라이드가 추가됩니다.

❸ 제목 텍스트 상자와 내용 상자에 각각 다음과 같이 내용을 입력합니다.

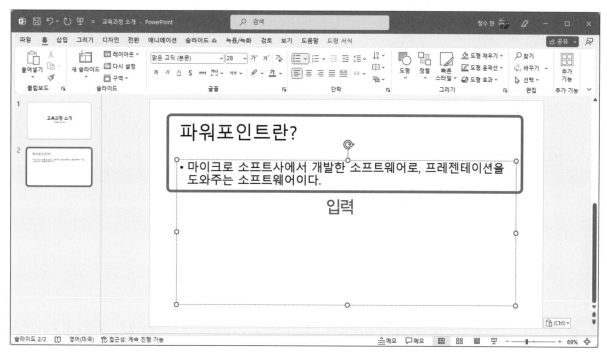

슬라이드 저장하기

❹ 작업한 슬라이드 내용을 저장하기 위하여 [파일] 탭에서 [저장]을 클릭한 후 [찾아보기]를 클릭합니다.

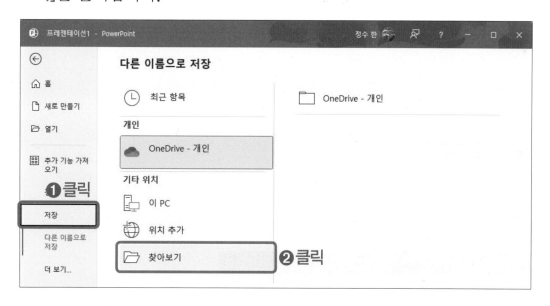

 TIP

저장하기 단축키 : F12 키

❺ [다른 이름으로 저장] 대화상자에서 저장할 위치는 '문서'를 선택한 후 '파일 이름'에 『**교육과정소개**』를 입력하고 [저장] 단추를 클릭합니다.

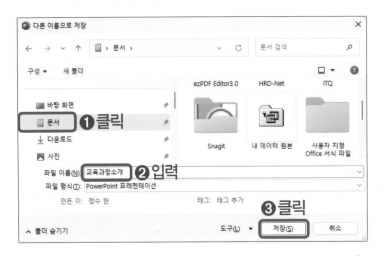

❻ 파워포인트 파일이 저장되면 제목 표시줄에 '교육과정소개'라고 파일명이 표시됩니다. 파워포인트를 종료하기 위해 [닫기 ✖]를 클릭합니다.

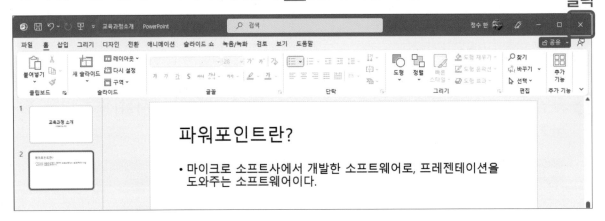

파워포인트 파일 열기

❼ 다시 파워포인트를 실행한 후 [열기]를 클릭하고 [찾아보기]를 클릭합니다. 이미 파워포인트를 실행하였으면 [파일] 탭에서 [열기]-[찾아보기]를 클릭합니다.

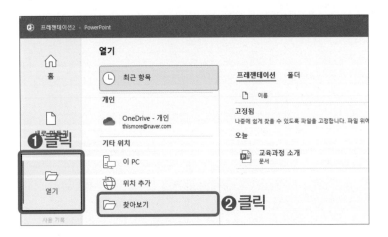

8 [열기] 대화상자에서 '문서'를 선택한 후 '교육과정소개' 파일을 선택하고, [열기] 단추를 클릭하면 파일이 열립니다.

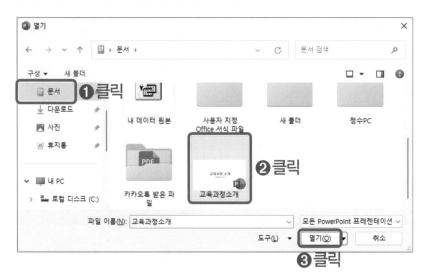

 **TIP**

[열기]의 [최근 항목]에 표시된 문서를 클릭하여 문서를 열 수 있으며, 자주 사용하는 슬라이드는 [이 항목을 목록에 고정 📌]을 클릭하면 항상 맨 위에 고정되어 쉽게 찾아 열 수 있습니다.

작업한 슬라이드를 이용하여 새로운 슬라이드를 추가하고, 레이아웃을 변경하고 슬라이드를 이동 및 복사, 삭제하는 방법에 대하여 알아봅니다.

1 실습3에서 작업한 '교육과정소개' 파일을 열고 2번 슬라이드를 선택한 후, [홈] 탭의 [슬라이드] 그룹에서 [새 슬라이드 ⌞새 슬라이드⌟]를 클릭하고 여러 슬라이드 중에서 '비교' 슬라이드를 선택합니다.

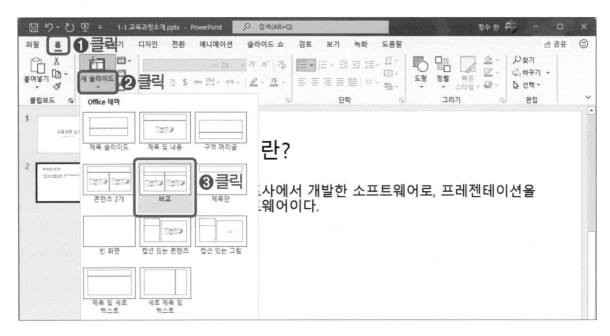

2 다음과 같이 좌우로 비교하기 좋은 '비교' 슬라이드가 나타나면 위쪽의 텍스트 상자를 클릭하여 제목을 입력합니다.

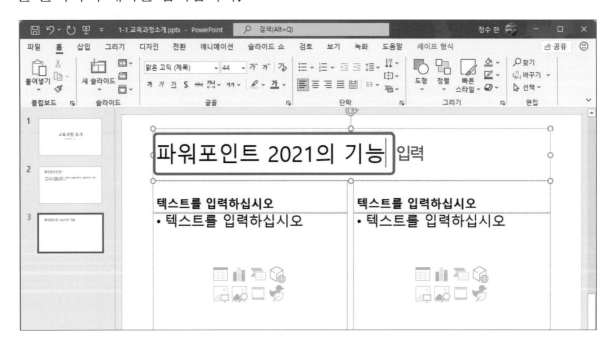

❸ 왼쪽과 오른쪽 텍스트 상자를 클릭하여 다음과 같이 내용을 입력합니다.

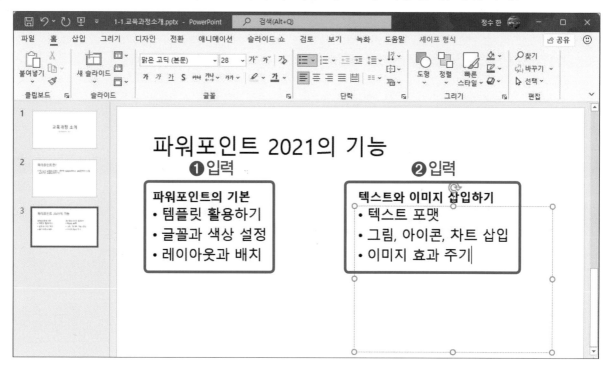

 TIP 슬라이드 레이아웃 변경하기

화면 왼쪽의 슬라이드 보기 창에서 슬라이드를 선택하고 마우스 오른쪽 버튼을 클릭(바로가기 메뉴)한 후 [레이아웃]을 클릭하면 현재 삽입된 슬라이드의 레이아웃을 변경할 수 있습니다.

슬라이드 복사하고 이동하기

❹ 3번 슬라이드를 복사하기 위해 왼쪽 창에서 3번 슬라이드를 선택하고 Ctrl + D 키를 눌러 슬라이드를 복제합니다.

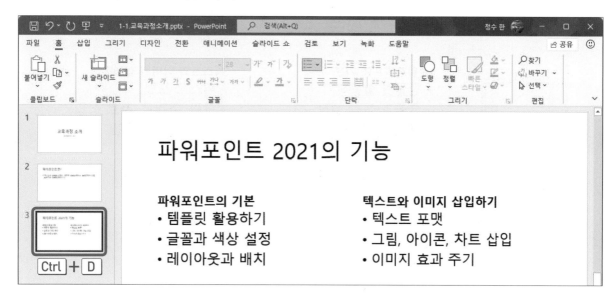

⑤ 다음과 같이 3번 슬라이드가 아래쪽에 복사됩니다.

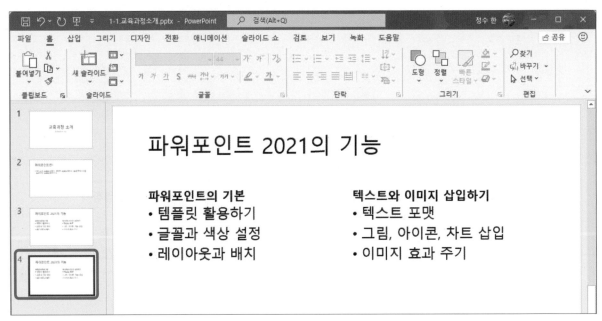

 **TIP** 슬라이드 복사

슬라이드를 선택한 후 Ctrl + C 키를 눌러 복사하고 원하는 위치에서 Ctrl + V 키를 눌러 붙여넣기를 하거나, [홈] 탭의 [클립보드] 그룹에서 [복사], [붙여넣기]를 클릭할 수도 있습니다.

⑥ 왼쪽 슬라이드 창에서 3번 슬라이드를 2번 슬라이드 위쪽으로 드래그하여 슬라이드를 이동합니다.

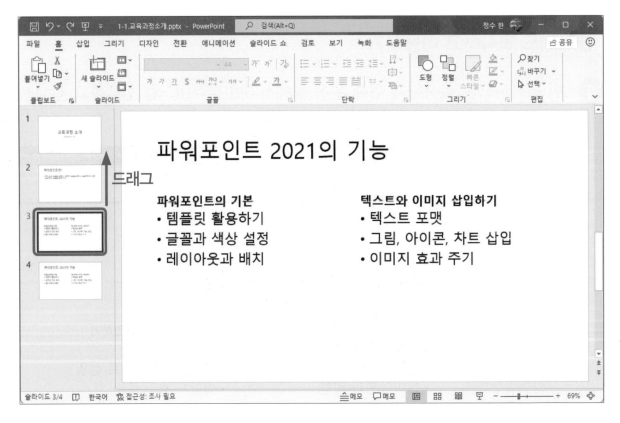

슬라이드 선택하고 삭제하기

7 3번 슬라이드를 클릭한 후 Shift 키를 누른 상태에서 4번 슬라이드를 클릭하면 두 개의 슬라이드가 선택되며, Delete 키를 누르면 선택된 슬라이드가 삭제됩니다.

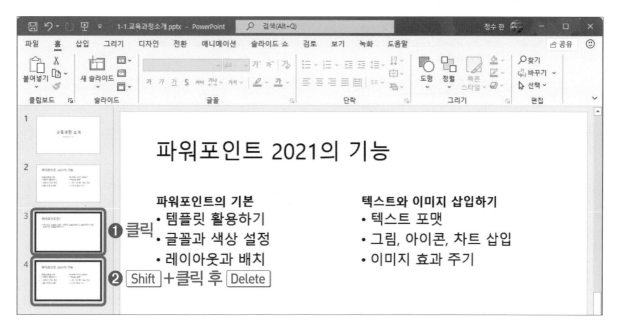

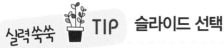 **TIP** 슬라이드 선택

- 연속 슬라이드 선택 : 슬라이드를 선택한 후 Shift 키를 누른 채 마지막 슬라이드를 클릭합니다.
- 비연속 슬라이드 선택 : Ctrl 키를 누른 채 선택할 여러 슬라이드를 클릭합니다.

8 다음과 같이 3번, 4번 슬라이드가 삭제되고 1번, 2번 슬라이드만 남습니다.

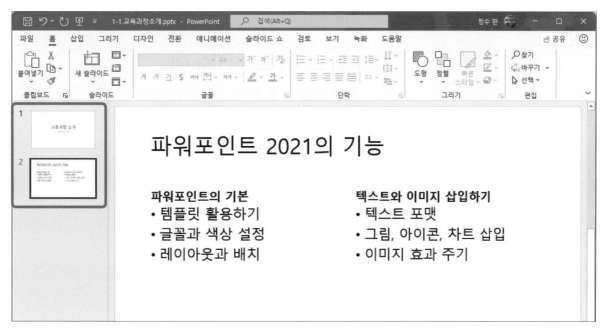

◎ 예제 파일 : 파워포인트 2021₩1장₩1-2.파워포인트작업(예제).pptx

● 완성 파일 : 파워포인트 2021₩1장₩1-2.파워포인트작업(완성).pptx

1 파워포인트를 실행하고 [새 프레젠테이션] 문서를 추가해 보세요.

Hint! 파워포인트가 이미 실행되었으면 [파일] 탭-[새로 만들기]를 클릭

2 첫 번째 슬라이드의 제목 텍스트 상자에 제목과 부제목을 입력해 보세요.

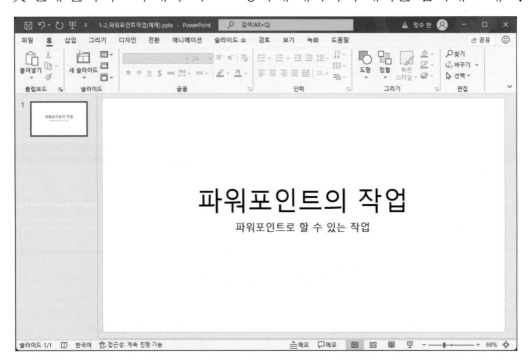

Hint! 위쪽 텍스트 상자의 '제목을 입력하십시오'를 클릭한 후 『파워포인트의 작업』을 입력하고, 아래쪽
텍스트 상자의 '부제목을 입력하십시오'를 클릭한 후 『파워포인트로 할 수 있는 작업』을 입력

3 2번 슬라이드에 '비교' 슬라이드를 추가하고 다음과 같이 내용을 입력해 보세요.

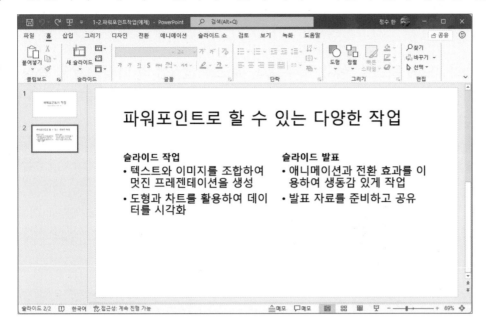

Hint! [홈] 탭-[슬라이드] 그룹-[새 슬라이드]의 아래쪽 단추를 클릭한 후 '비교' 슬라이드를 클릭

4 1번 슬라이드를 복사한 후 3번 슬라이드 아래로 이동하고, 3번 슬라이드를 삭제한 후 '파워포인트작업'으로 [문서] 폴더에 저장해 보세요.

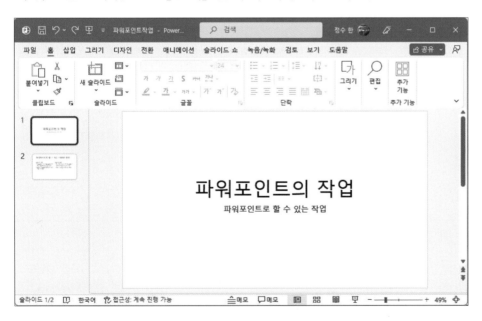

Hint! – 1번 슬라이드 선택한 후 Ctrl + D 키를 눌러 복사

　　　 – 복사된 슬라이드를 선택한 후 3번 슬라이드 아래로 드래그

　　　 – 3번 슬라이드를 선택한 후 Delete 키

　　　 – [파일] 탭-[다른 이름으로 저장]을 클릭하고, [문서] 폴더에 '파워포인트작업'이라고 입력한 후 [저장] 단추를 클릭

텍스트 슬라이드 작성하기

슬라이드에 텍스트, 한자, 특수문자, 메모를 삽입한 후 다양한 글꼴 속성을 지정하고, 글머리 기호와 줄 간격 등을 조절하여 보기 좋은 슬라이드를 만드는 방법에 대하여 알아봅니다.

완성파일 미리보기

무료 동영상

◎ 예제 파일 : 파워포인트 2021₩2장₩2-1.파워포인트와엑셀의비교(예제).pptx

◉ 완성 파일 : 파워포인트 2021₩2장₩2-1.파워포인트와엑셀의비교(완성).pptx

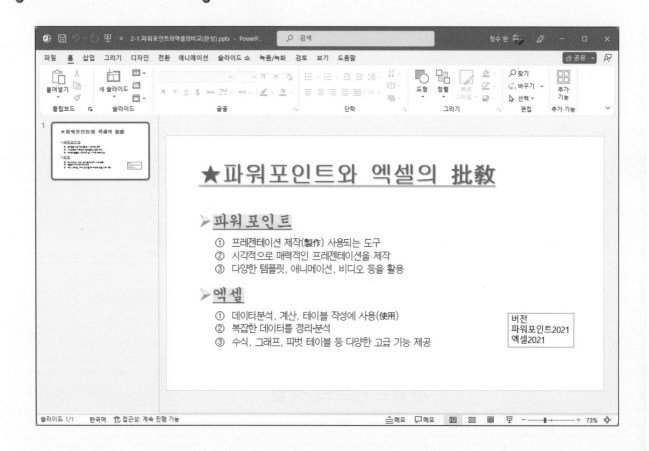

체크포인트

실습1 슬라이드에 텍스트를 입력하고, 다양한 서식을 지정하는 방법에 대하여 알아봅니다.

실습2 입력된 텍스트에 글머리 기호를 지정하고, 줄 간격을 조절하는 방법에 대하여 알아봅니다.

실습3 한자와 특수문자를 입력하고, 메모를 삽입하는 방법에 대하여 알아봅니다.

제목 및 내용 슬라이드에 텍스트를 입력한 후 텍스트를 한자로 변경하고, 특수문자를 입력할 수 있습니다.

한자 변경하기

❶ 파워포인트를 실행한 후 '제목 슬라이드'의 레이아웃을 변경하기 위해 [홈] 탭-[슬라이드] 그룹에서 [레이아웃 🔲]을 클릭하고 '제목 및 내용' 레이아웃을 클릭합니다.

 **TIP** 제목 및 내용 슬라이드

'제목 및 내용' 슬라이드는 위쪽에 제목을 입력하고, 아래쪽에는 텍스트나 다양한 내용을 삽입할 수 있도록 구분된 레이아웃입니다. 내용 상자에 텍스트를 입력하면 자동으로 글머리 기호가 붙으며, 아이콘을 클릭하여 '표'나 '차트', 'SmartArt 그래픽', '그림', '온라인 그림', '비디오' 등을 삽입할 수 있습니다.

❷ 위쪽의 제목 텍스트 상자와 아래쪽의 내용 텍스트 상자에 다음과 같이 내용을 입력합니다.

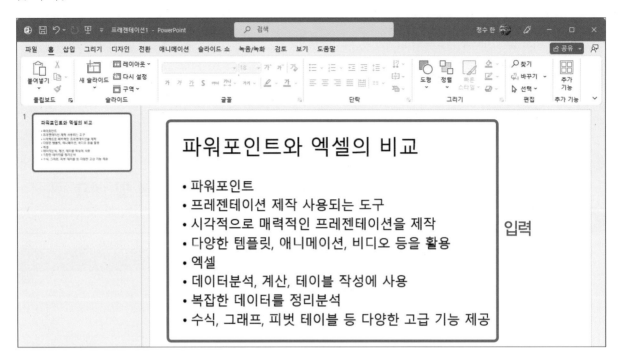

 TIP

위쪽의 '제목 텍스트 상자'에 내용을 입력한 후 Ctrl+Enter 키를 눌러 아래쪽의 '내용 텍스트 상자'로 커서를 이동할 수도 있습니다.

❸ 한자로 변경할 '비교' 단어를 범위로 지정한 후 [검토] 탭-[언어] 그룹에서 [한글/한자 변환]을 클릭합니다.

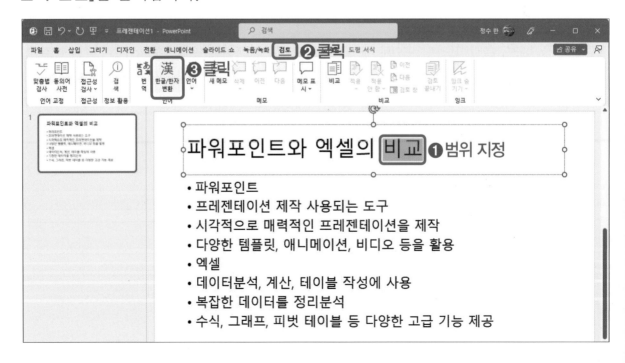

실력쑥쑥 TIP 한자 변경

- 텍스트를 입력 후 한자 키를 누르면 목록이 나타나는데, 여기에서 한자를 선택하여 클릭해도 됩니다.
- 키보드의 오른쪽 Ctrl 키를 눌러도 한자로 변경할 수 있습니다.

④ [한글/한자 변환] 대화상자에서 '批敎' 한자를 선택한 후 '입력 형태'에서 '漢字'를 선택하고 [변환] 단추를 클릭합니다.

실력쑥쑥 TIP 한자의 입력 형태

[한글/한자 변환] 대화상자의 아래에서 '漢字'를 선택하면 한글이 한자로 변환되고, '한글(漢字)'나 '漢字(한글)'을 선택하면 괄호 안에 해당 형태의 한글 및 한자가 입력됩니다.

⑤ 위와 같은 방법으로 '제작'과 '사용' 단어를 '한글(漢字)' 입력 형태로 변경합니다.

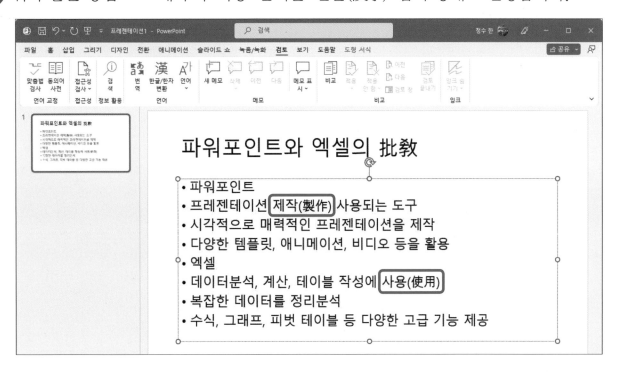

특수문자 입력하기

6 기호(특수문자)를 입력할 제목 앞을 클릭하여 커서를 위치시키고, [삽입] 탭-[기호] 그룹에서 [기호 Ω]를 클릭합니다.

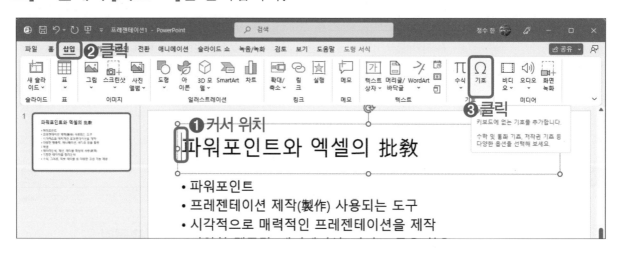

7 [기호] 대화상자에서 '글꼴'은 '(한글 글꼴)'을 선택한 후 '하위 집합'에 '기타 기호'를 선택하고, '★'을 선택한 후 [삽입] 단추를 클릭하고 [닫기] 단추를 클릭합니다.

실력쑥쑥 TIP [한자] 키 이용 기호(특수문자) 입력

한글 자음 'ㅁ'을 입력한 후 [한자] 키를 누르면 자음에 속한 특수문자 목록이 나타나는데, [보기 변경 ⊞]을 클릭하거나 [Tab] 키를 눌러 보기를 열어서 특수문자를 삽입할 수 있습니다.

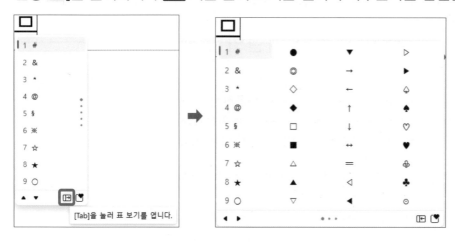

자음	특수문자	자음	특수문자
ㄱ	기술기호 ! ' ', : ; ^	ㅊ	분수/첨자기호 ½ ¼ ¾ ⅛
ㄴ	괄호기호 " ( ) [ ] { } " "	ㅋ	한글 현대 자모 ㄱ ㄲ ㄳ ㄴ ㄵ ㅀ
ㄷ	학술기호 ± ÷ ≠ ∴ ∞ <	ㅌ	한글 고어 자모 ㅥ ㄸ ㅩ ㅪ ㅬ ㅭ
ㄹ	단위기호 $ % ₩ Å ℃ km ㎍	ㅍ	로마문자 A B C D E F
ㅁ	일반기호 # & @ ※ ☆ ★	ㅎ	그리스문자 Α Β Γ Δ Ε Ζ Η
ㅂ	괘선조각 ─ │ ┌ ┐ ┘ └	ㄲ	발음기호 Æ Ð Ħ IJ Ŀ Ł
ㅅ	한글표제기호 ㉠ ㉡ ㉢ ㉣ ㉤	ㄸ	히라가나 ぁ あ ぃ い ぅ
ㅇ	영문표제기호 ⓐ ⓑ ⓒ ⓓ ⓔ	ㅃ	카타카나 ァ ア ィ イ ゥ
ㅈ	로마숫자 ⅰ ⅱ ⅲ ⅳ ⅴ ⅵ	ㅆ	러시아문자 А Б В Г Д

⑧ 기호(특수문자)를 입력할 '정리' 문자 다음에 커서를 위치시키고 [삽입] 탭-[기호 Ω] 그룹에서 [기호]를 클릭합니다.

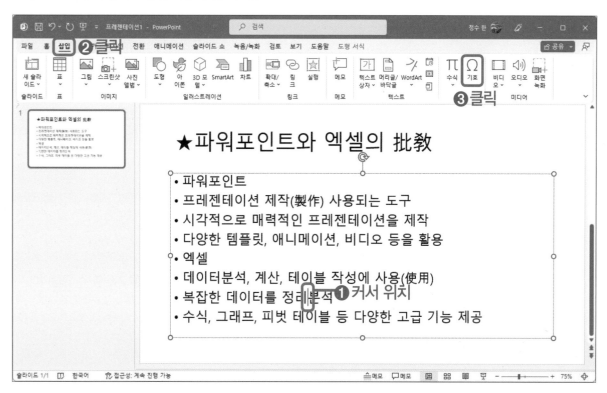

⑨ [기호] 대화상자에서 '글꼴'에 'Windings'를 선택한 후 가운뎃점(·) 기호를 선택하고, [삽입] 단추를 클릭한 후 [닫기] 단추를 클릭합니다.

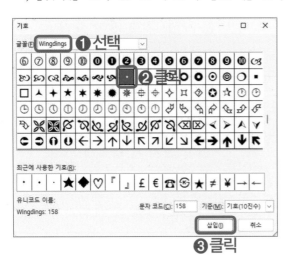

⑩ 해당 위치에 선택한 기호가 삽입됩니다.

> • 복잡한 데이터를 정리·분석
> • 수식, 그래프, 피벗 테이블 등 다양한 고급 기능 제공

실력쑥쑥 🌱 TIP **가운뎃점 기호 입력**

가운뎃점은 Alt 키를 누를 상태에서 숫자 키패드의 0, 1, 8, 3 숫자를 차례로 누르면 가운뎃점 특수문자가 입력됩니다.

실습**2** 텍스트 서식 변경하기

슬라이드에 텍스트를 입력하고, 입력한 텍스트의 글꼴, 글꼴 크기, 글꼴 속성, 글꼴 색 등을 지정할 수 있습니다.

글자 서식 변경하기

① 제목을 드래그하여 범위 지정한 후 [홈] 탭 – [글꼴] 그룹에서 **글꼴(굴림체), 글꼴 크기(50), '굵게', '텍스트 그림자'**를 선택한 후 [글꼴 색 **갓**]은 '**파랑**'으로 지정합니다.

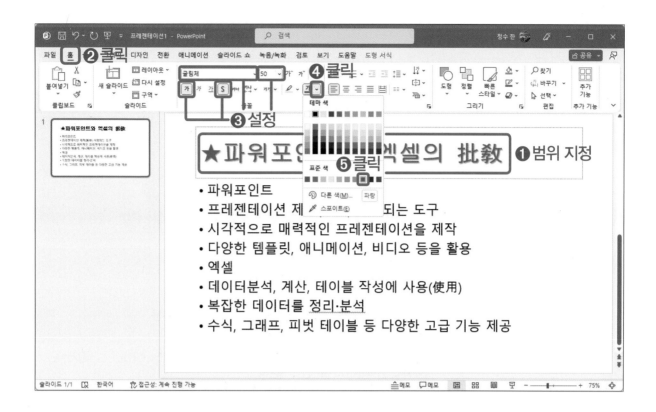

2 제목을 범위 지정한 후 마우스 오른쪽 버튼을 클릭하고 [글꼴] 메뉴를 클릭합니다.

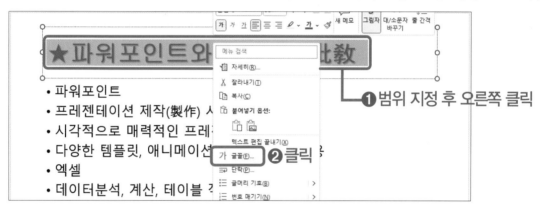

3 [글꼴] 대화상자의 [글꼴] 탭에서 '밑줄 스타일'은 '이중선'을 선택하고 '밑줄 색'은 '녹색, 강조6'으로 지정한 후 [확인] 단추를 클릭합니다.

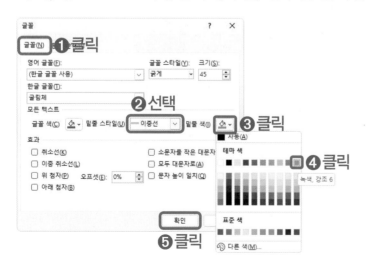

❹ 내용 상자에서 1행('파워포인트')을 드래그하여 범위 지정한 후 Ctrl 키를 누른 채 5행('엑셀')을 드래그하여 추가로 범위를 지정합니다.

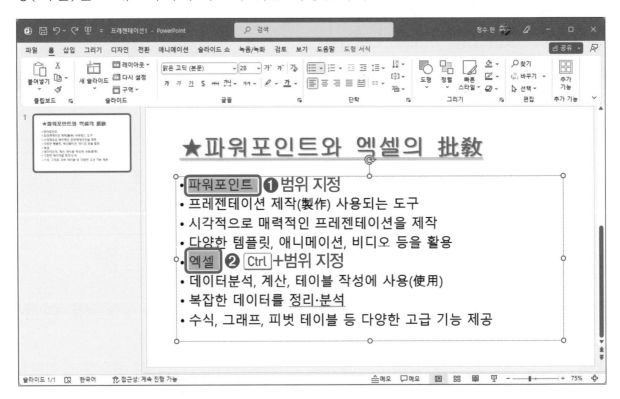

❺ [홈] 탭의 [글꼴] 그룹에서 **글꼴(궁서체), 크기(35), 밑줄**을 지정한 후 [텍스트 강조색 ✐]은 **'노랑'**, [글꼴 색 **가**]은 **'빨강'**으로 지정합니다.

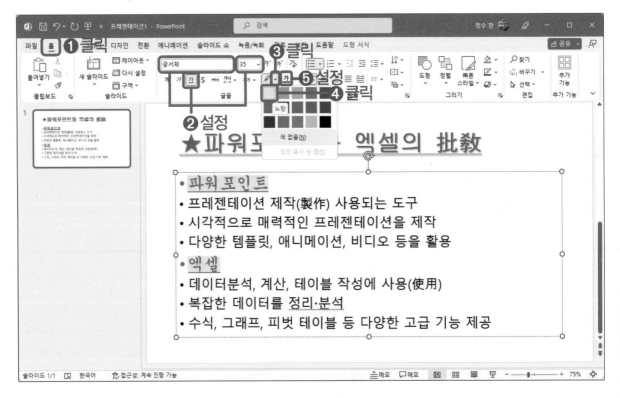

실력쑥쑥 TIP 글꼴 그룹 살펴보기

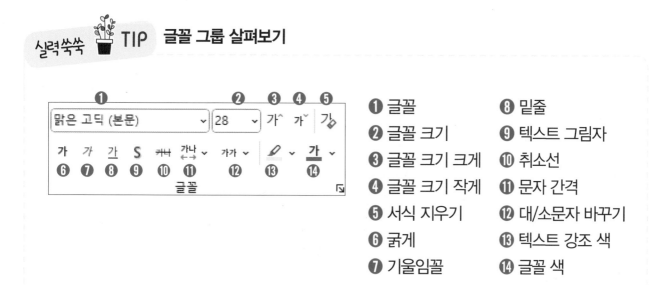

❶ 글꼴   ❽ 밑줄
❷ 글꼴 크기   ❾ 텍스트 그림자
❸ 글꼴 크기 크게   ❿ 취소선
❹ 글꼴 크기 작게   ⓫ 문자 간격
❺ 서식 지우기   ⓬ 대/소문자 바꾸기
❻ 굵게   ⓭ 텍스트 강조 색
❼ 기울임꼴   ⓮ 글꼴 색

문자 간격과 줄 간격 조절하기

❻ 2행~4행을 드래그하여 범위 지정한 후 Ctrl 키를 누른 채 6행~8행을 드래그하여 추가로 범위 지정합니다.

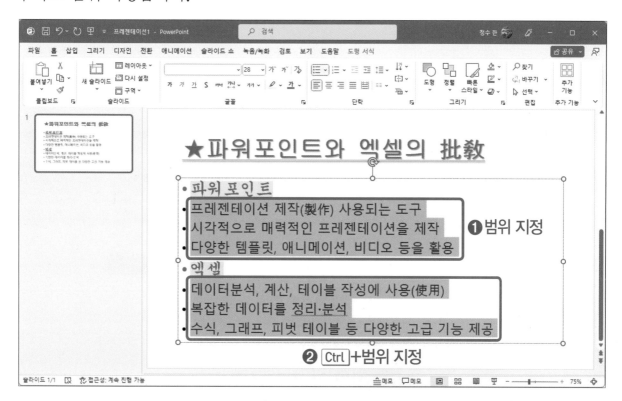

7 [홈] 탭-[글꼴] 그룹에서 **글꼴(돋움체), 크기(25), [문자 간격 캅 ˅]-[매우 좁게]** 를 클릭합니다.

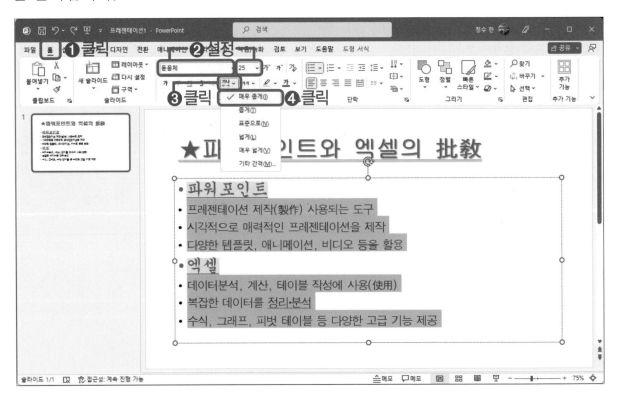

줄 간격 변경하기

8 1행을 범위 지정한 후 Ctrl 키를 눌러 5행을 추가로 범위 지정합니다. [홈] 탭-[단락] 그룹에서 [줄 간격 ‡≡ ˅]-[1.5]를 클릭합니다.

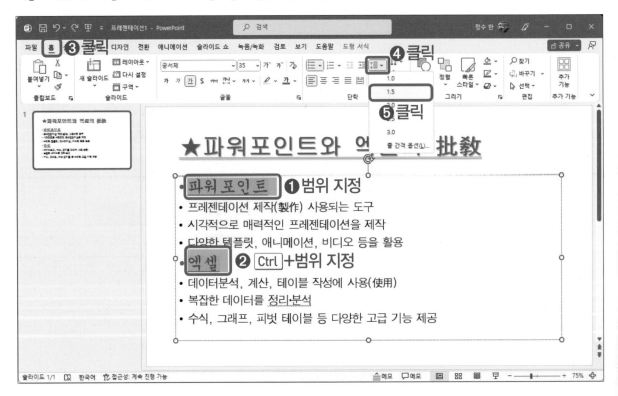

글머리 기호 및 번호 변경하기

입력된 텍스트의 목록 수준을 조절하고, 글머리 기호 및 번호 매기기 기능을 이용하여 글머리 기호를 삽입한 후 줄 간격을 조절하여 보기 좋은 슬라이드를 만들 수 있습니다.

목록 수준 변경하기

1 2행~4행을 드래그하여 범위 지정한 후 **Ctrl** 키를 눌러 6행~8행을 드래그하여 추가로 범위 지정하고, [홈] 탭-[단락] 그룹에서 [목록 수준 늘림 ≡]을 클릭합니다.

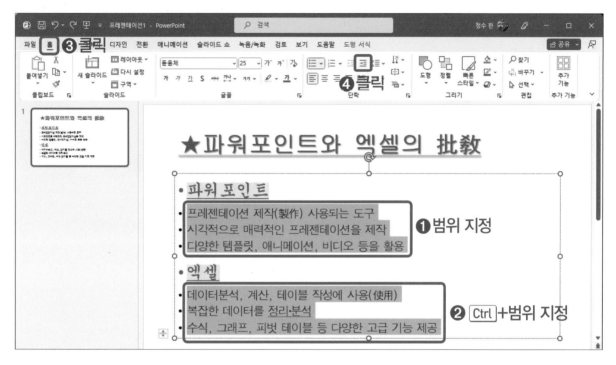

2 다음과 같이 목록 수준이 변경되면서 글자 크기가 21pt로 자동으로 줄어듭니다.

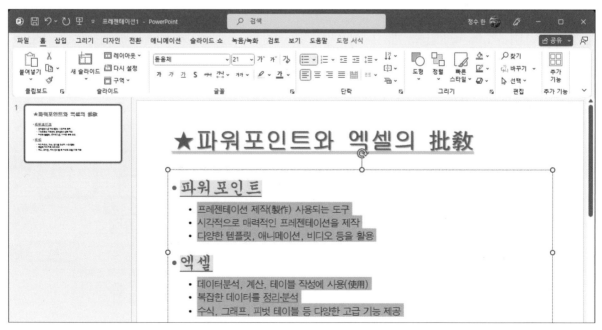

실력쑥쑥 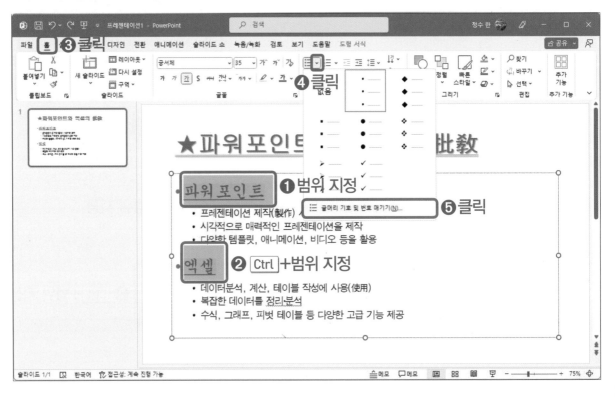 TIP **목록 수준 늘림과 줄임**

목록에서 Tab 키를 누르면 목록 수준이 늘어나고(오른쪽으로 이동), Shift + Tab 키를 누르면
목록 수준이 줄어듭니다(왼쪽으로 이동).

글머리 기호 변경하기

❸ 1행을 범위 지정한 후 Ctrl 키를 눌러 5행을 추가로 범위 지정하고, [홈] 탭−[단락]
그룹에서 [글머리 기호 ☰▾]−[글머리 기호 및 번호 매기기]를 클릭합니다.

❹ [글머리 기호 및 번호 매기기] 대화상자에서
'화살표 글머리 기호(➢)'를 선택한 후 '텍스
트 크기'를 '110'으로 지정하고, '색'을 '녹색,
강조 6'으로 선택한 후 [확인] 단추를 클릭합
니다.

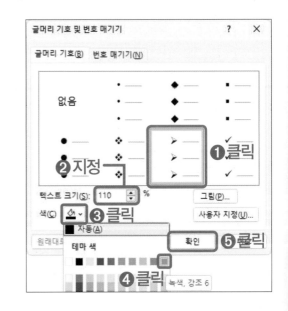

⑤ 다음과 같이 범위 지정한 목록에 화 살표 글머리 기호가 삽입됩니다.

> **➤ 파 워 포 인 트**
> - 프레젠테이션 제작(製作) 사용되는 도구
> - 시각적으로 매력적인 프레젠테이션을 제작
> - 다양한 템플릿, 애니메이션, 비디오 등을 활용
>
> **➤ 엑 셀**
> - 데이터분석, 계산, 테이블 작성에 사용(使用)
> - 복잡한 데이터를 정리·분석
> - 수식, 그래프, 피벗 테이블 등 다양한 고급 기능 제공

번호 매기기

⑥ 2행~4행을 드래그하여 범위 지정한 후 Ctrl 키를 눌러 6행~8행을 추가로 범위 지 정하고, [홈] 탭-[단락] 그룹에서 [번호 매기기 ≔ ˅]-[원 숫자]를 클릭합니다.

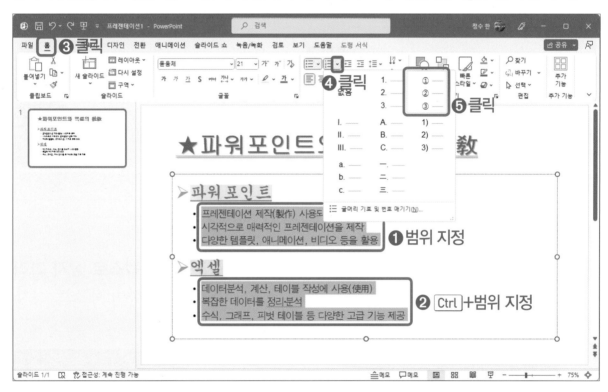

⑦ 다음과 같이 범위 지정한 목록에 원 숫자 번호가 삽입됩니다.

> **➤ 파 워 포 인 트**
> ① 프레젠테이션 제작(製作) 사용되는 도구
> ② 시각적으로 매력적인 프레젠테이션을 제작
> ③ 다양한 템플릿, 애니메이션, 비디오 등을 활용
>
> **➤ 엑 셀**
> ① 데이터분석, 계산, 테이블 작성에 사용(使用)
> ② 복잡한 데이터를 정리·분석
> ③ 수식, 그래프, 피벗 테이블 등 다양한 고급 기능 제공

텍스트 상자를 이용하면 슬라이드 레이아웃의 정해진 배치 외에 원하는 곳에 텍스트를 입력할 수 있습니다.

❶ 내용 텍스트 상자를 원하는 크기와 위치로 변경할 수 있습니다. 내용 텍스트 상자의 크기 조절점을 왼쪽으로 드래그하여 크기를 줄입니다.

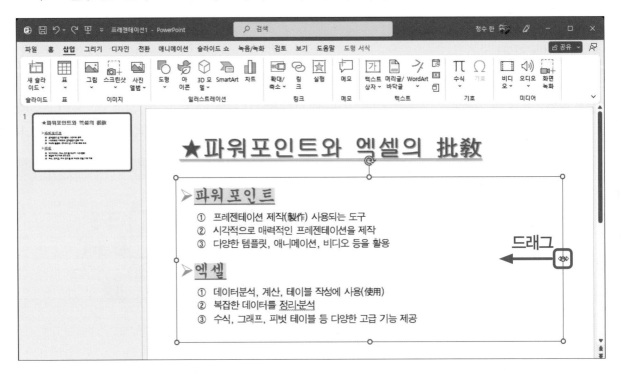

❷ [삽입] 탭-[텍스트] 그룹에서 [텍스트 상자 **가**]-[가로 텍스트 상자 그리기]를 클릭한 후 슬라이드의 오른쪽 아래를 클릭하거나 드래그하여 텍스트 상자를 추가합니다.

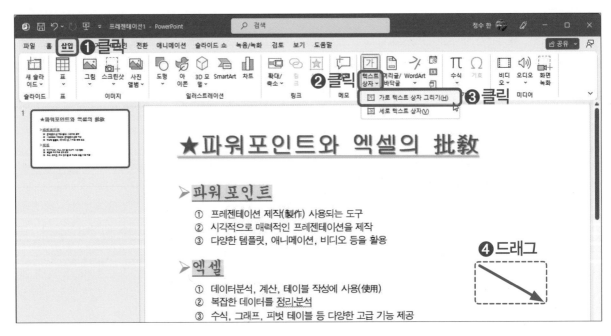

❸ 추가된 텍스트 상자에 다음과 같이 내용을 입력합니다.

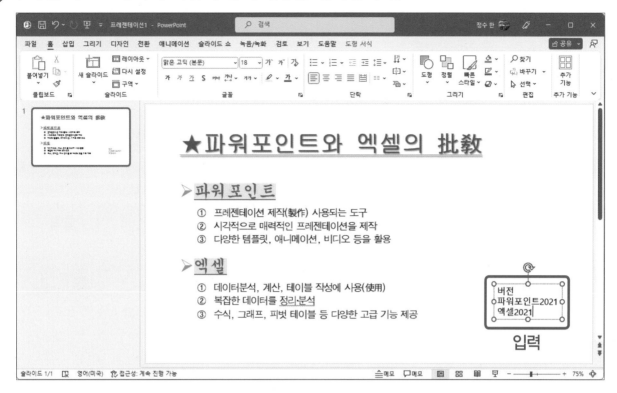

텍스트 상자 윤곽선 추가하기

❹ 텍스트 상자는 기본적으로 윤곽선이 표시되지 않으므로, 윤곽선을 추가하기 위해서 텍스트 상자를 선택한 후 [홈] 탭-[그리기] 그룹에서 [도형 윤곽선 ✎]-[파랑]을 클릭합니다.

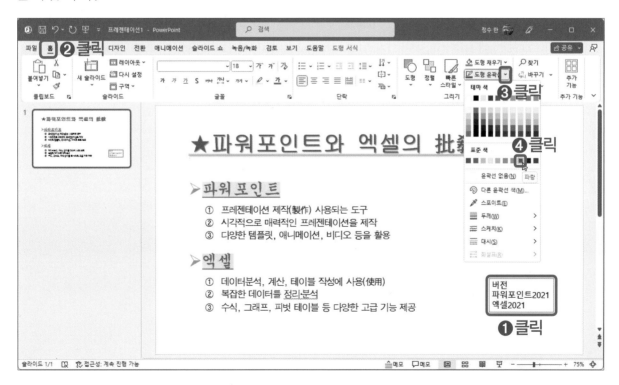

❺ 슬라이드의 빈 곳을 클릭하여 추가된 윤곽선을 확인합니다.

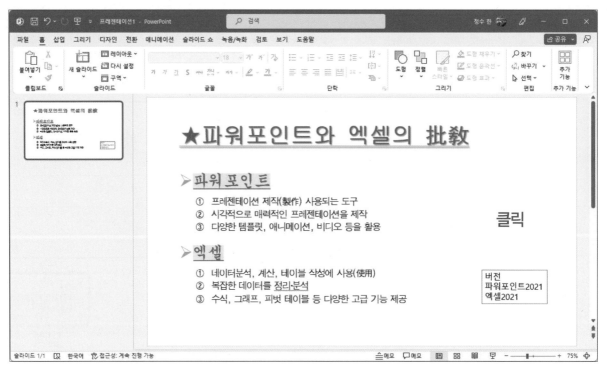

 **TIP** 텍스트 상자 색상 채우기

텍스트 상자도 도형과 비슷하므로 윤곽선뿐만 아니라 채우기 색도 지정할 수 있습니다.

실력쑥쑥 TIP

텍스트 상자나 도형에서 윤곽선이나 채우기 등을 설정할 경우 [도형 서식] 탭에서 설정할 수 있는데, 프로그램 버전이나 업그레이드 상태에 따라 [셰이프 서식] 탭으로 표시되기도 합니다.

◎ 예제 파일 : 파워포인트 2021₩2장₩2-2.전기차와수소차의차이(예제).pptx

◎ 완성 파일 : 파워포인트 2021₩2장₩2-2.전기차와수소차의차이(완성).pptx

1 파워포인트를 실행하여 슬라이드를 [제목 및 내용] 레이아웃으로 변경한 후 다음과 같이 내용을 입력해 보세요.

> ◆전기차와 수소차의 차이(差異)
>
> • 전기차
> • 전기차는 전기를 사용하여 모터를 구동합니다.
> • 전기 충전을 통해 배터리를 충전할 수 있습니다.
> • 발전소(發電所)에서 생성된 온실가스를 배출할 수 있습니다.
> • 수소차
> • 수소차는 수소를 사용하여 연료전지를 구동합니다.
> • 수소 주유소를 통해 수소를 공급받을 수 있습니다.
> • 수소 연료(燃料)를 사용하여 온실가스를 배출하지 않습니다.

Hint! • [홈] 탭-[레이아웃]-[제목 및 내용] 레이아웃으로 변경

• 차이, 발전소, 연료 텍스트는 범위 지정한 후 [검토] 탭-[언어] 그룹에서 [한글/한자 변환]을 클릭

2 제목과 내용을 다음과 같이 변경해 보세요.

- 제목 : 글꼴(궁서체), 크기(50), 굵게, 텍스트 그림자, 글꼴 색(진한 파랑)

- 1행과 5행 : 글꼴(돋움체), 크기(27), 굵게, 밑줄, 글꼴 색(연한 파랑), 텍스트 강조색(노랑)

- 2~4행, 6~8행 : 글꼴(굴림체), 크기(22)

> ◆**전기차와 수소차의 차이**(差異)
>
> • <u>전기차</u>
> • 전기차는 전기를 사용하여 모터를 구동합니다.
> • 전기 충전을 통해 배터리를 충전할 수 있습니다.
> • 발전소(發電所)에서 생성된 온실가스를 배출할 수 있습니다.
> • <u>수소차</u>
> • 수소차는 수소를 사용하여 연료전지를 구동합니다.
> • 수소 주유소를 통해 수소를 공급받을 수 있습니다.
> • 수소 연료(燃料)를 사용하여 온실가스를 배출하지 않습니다.

Hint! • Ctrl 키를 이용하여 범위 지정한 후 서식을 지정

3 글머리 기호와 줄 간격, 문자 간격 등을 다음과 같이 변경해 보세요.
- ❖ 수준 목록 : 글머리 기호(별표 글머리 기호), 줄 간격 1.5
- a, b, c 수준 목록 : 목록 수준 늘림, 문자 간격 좁게, 번호 매기기(a, b, c)

◆전기차와 수소차의 차이(差異)

❖전기차
    a. 전기차는 전기를 사용하여 모터를 구동합니다.
    b. 전기 충전을 통해 배터리를 충전할 수 있습니다.
    c. 발전소(發電所)에서 생성된 온실가스를 배출할 수 있습니다.

❖수소차
    a. 수소차는 수소를 사용하여 연료전지를 구동합니다.
    b. 수소 주유소를 통해 수소를 공급받을 수 있습니다.
    c. 수소 연료(燃料)를 사용하여 온실가스를 배출하지 않습니다.

Hint!
- 첫째 수준 목록 : [글머리 기호]-[별표 글머리 기호]
- 첫째 수준 목록과 둘째 수준 목록 사이 : [홈] 탭-[단락] 그룹-[줄 간격]-[1.5]
- 둘째 수준 목록 : [홈] 탭-[목록 수준 늘림], [문자 간격]-[좁게], [번호 매기기]-[a, b, c]

4 다음과 같이 슬라이드 오른쪽 아래에 텍스트 상자를 이용하여 내용을 입력하고, 윤곽선을 '연한 파랑'으로 변경해 보세요.

◆전기차와 수소차의 차이(差異)

❖전기차
    a. 전기차는 전기를 사용하여 모터를 구동합니다.
    b. 전기 충전을 통해 배터리를 충전할 수 있습니다.
    c. 발전소(發電所)에서 생성된 온실가스를 배출할 수 있습니다.

❖수소차
    a. 수소차는 수소를 사용하여 연료전지를 구동합니다.
    b. 수소 주유소를 통해 수소를 공급받을 수 있습니다.
    c. 수소 연료(燃料)를 사용하여 온실가스를 배출하지 않습니다.

- 친환경차량 -
오염물질이 배출되지 않는 차량

Hint!
- 텍스트 상자 삽입 : [삽입] 탭-[텍스트 상자 [가]]-[가로 텍스트 상자 그리기]
- 텍스트 상자 윤곽선 : [도형 서식] 탭-[도형 윤곽선]-[연한 파랑]

03장 슬라이드에 디자인 적용하기

파워포인트는 슬라이드에 쉽게 디자인을 적용할 수 있도록 테마를 제공하고 있습니다. 이번 장에서는 테마를 적용하는 방법과 슬라이드 크기 및 슬라이드 배경 등을 변경하는 방법에 대해 살펴보겠습니다.

완성파일 미리보기

무료 동영상

◎ 예제 파일 : 파워포인트 2021₩3장₩3-1.디지털 플랫폼(예제).pptx
◉ 완성 파일 : 파워포인트 2021₩3장₩3-1.디지털 플랫폼(완성).pptx

체크포인트

실습1 슬라이드의 크기를 변경하고 배경 서식을 변경하는 방법에 대하여 알아봅니다.

실습2 슬라이드에 테마 디자인을 적용하는 방법에 대하여 알아봅니다.

실습3 온라인에서 다양한 테마를 가져와서 작업하는 방법에 대하여 알아봅니다.

슬라이드 크기와 배경 서식 변경하기

슬라이드 크기는 화면 및 용지에 맞게 크기를 변경할 수 있으며, 흰색 슬라이드 대신 다양한 배경 서식을 적용할 수 있습니다.

슬라이드 크기 변경하기

1 [디자인] 탭–[사용자 지정] 그룹에서 [슬라이드 크기 ▢]–[사용자 지정 슬라이드 크기]를 클릭합니다.

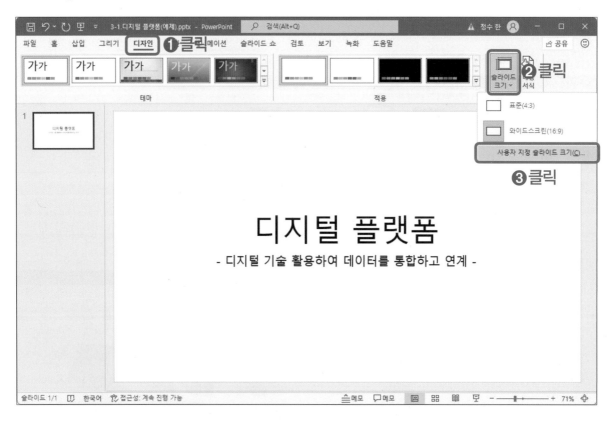

2 [슬라이드 크기] 대화상자에서 '슬라이드 크기'에 'A4 용지'를 선택한 후 [확인] 단추를 클릭합니다.

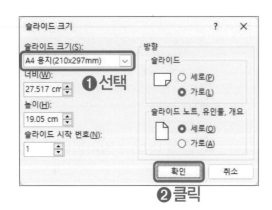

③ 슬라이드 크기를 조정하는 대화상자가 나타나면 '맞춤 확인'을 선택하거나, [맞춤 확인] 단추를 클릭합니다.

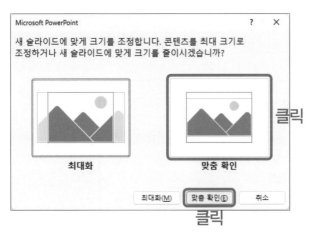

실력쑥쑥 🪴 TIP **슬라이드 최대화와 맞춤 확인**

최근의 슬라이드 비율은 16:9 비율의 와이드스크린이지만, 예전에는 4:3의 표준 비율이었습니다. 그래서 16:9로 넓게 작성한 슬라이드를 4:3으로 줄이면 [최대화]와 [맞춤 확인]을 선택하는 대화상자가 나타나는데, 슬라이드에 맞게 내용을 맞추려면 [맞춤 확인]을 클릭합니다.

④ 제목 슬라이드에서 [홈] 탭-[슬라이드] 그룹에서 [새 슬라이드 새 슬라이드]를 클릭한 후 [제목 및 내용] 슬라이드를 클릭하여 슬라이드를 추가합니다.

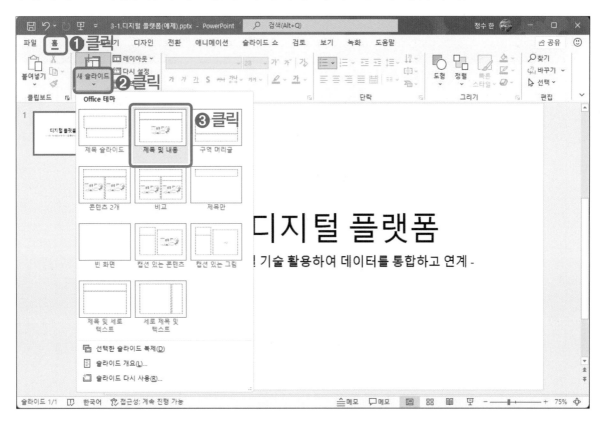

5 추가된 '제목 및 내용 슬라이드'에 다음과 같이 내용을 입력합니다.

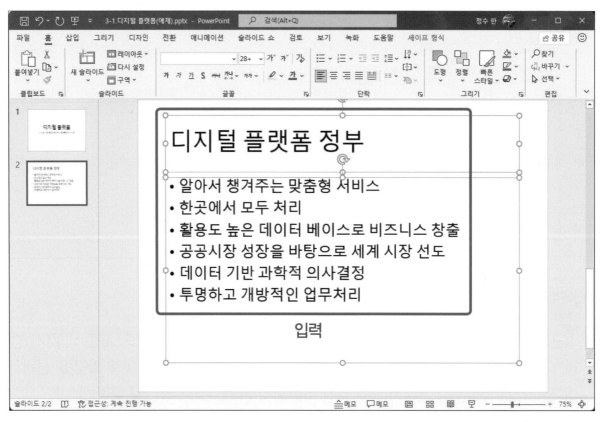

슬라이드 배경색 변경하기

6 [디자인] 탭-[사용자 지정] 그룹에서 [배경 서식 🖾]을 클릭합니다.

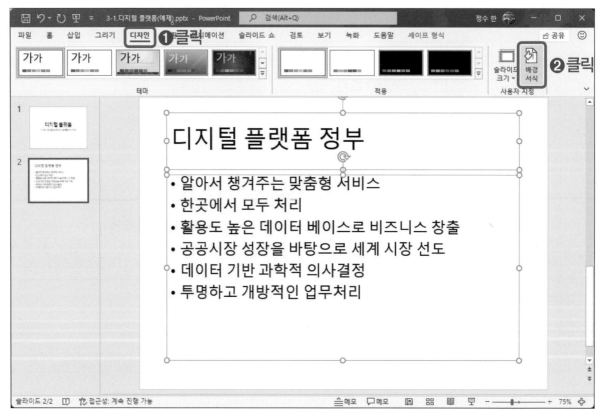

7 [배경 서식] 작업 창이 나타나면 [채우기 ◇]−[단색 채우기]에서 [채우기 색 ◇]
−[파랑, 강조 1, 80% 더 밝게]를 선택합니다.

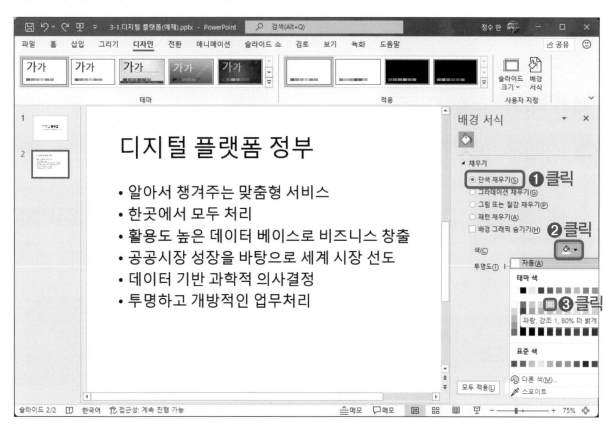

8 현재 선택된 2번 슬라이드의 배경색이 변경되며, 1번 슬라이드까지 적용하기 위해
[모두 적용] 단추를 클릭합니다.

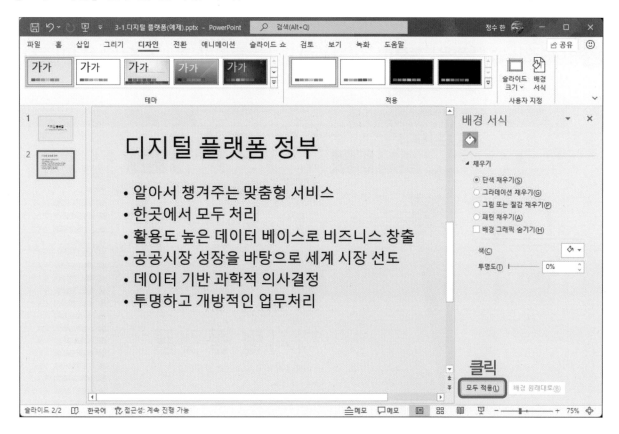

테마 디자인 적용하기

테마 디자인을 이용하면 제목 슬라이드부터 내용 슬라이드까지 통일된 느낌으로 디자인을 쉽게 변경할 수 있습니다.

테마 디자인 적용하기

1 1번 슬라이드로 이동한 후 [디자인] 탭−[테마] 그룹에서 [자세히 ▾]를 클릭하여 디자인 목록이 나타나면 '패싯'을 클릭하여 테마를 적용합니다.

2 [디자인] 탭−[적용] 그룹에서 [자세히 ▾]를 클릭한 후 [색 ■]에서 [따뜻한 파란색]을 클릭하면 모든 슬라이드의 색이 변경됩니다.

❸ [디자인] 탭-[적용] 그룹에서 [자세히 ▼]를 클릭한 후 [글꼴]에서 [궁서/돋움]을 클릭하면 제목은 '궁서'로 내용은 '돋움'으로 글꼴이 변경됩니다.

❹ [디자인] 탭-[적용] 그룹에서 [자세히 ▼]를 클릭한 후 [배경 스타일]에서 [스타일 5]를 클릭합니다.

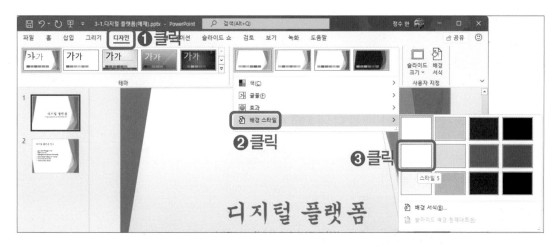

❺ 다음과 같이 제목 슬라이드와 제목 및 내용 슬라이드의 테마 적용이 완성됩니다.

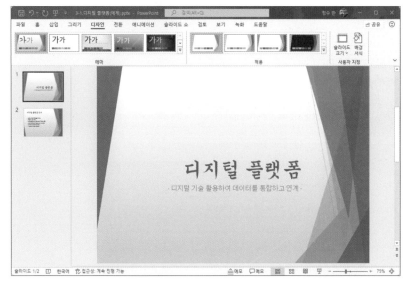

온라인에서 테마 불러오기

파워포인트는 기본 테마 이외에 온라인으로도 다양한 테마를 제공하고 있습니다. 온라인에서 테마를 검색하여 수정하는 방법에 대하여 알아봅니다.

1 파워포인트 2021을 실행한 후 [파일] 탭의 [홈]에서 [추가 테마]를 클릭합니다.

2 검색 창에 『교육』을 입력한 후 [검색 🔍]을 클릭합니다.

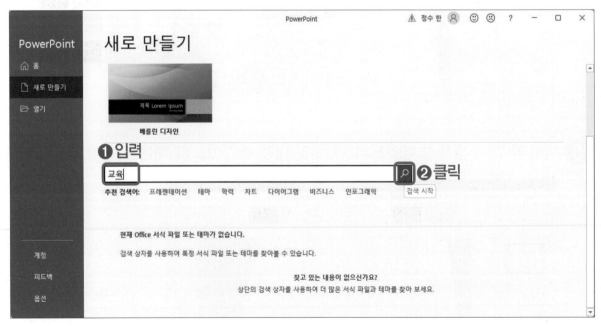

50 파워포인트 2021

❸ 검색된 테마에서 '현대적이고 대담한 세련된 프레젠테이션'을 선택합니다(파워포인트 2021₩3장₩3 – 2.교육프로젝트(예제).pptx 파일을 열어서 실습할 수도 있습니다.).

❹ 다음과 같은 창에서 [만들기]를 클릭합니다.

❺ 테마가 활성화되면 [디자인] 탭–[적용] 그룹에서 [자세히 ▾]를 클릭한 후 [색 ▓▓]에서 [따뜻한 파란색]을 클릭합니다.

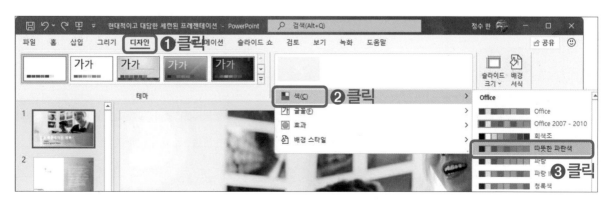

6 다음과 같이 1번 슬라이드(제목 슬라이드)의 제목 및 부제목, 연도의 텍스트를 수정합니다.

7 2번 슬라이드의 제목, 부제목 및 내용을 다음과 같이 수정합니다.

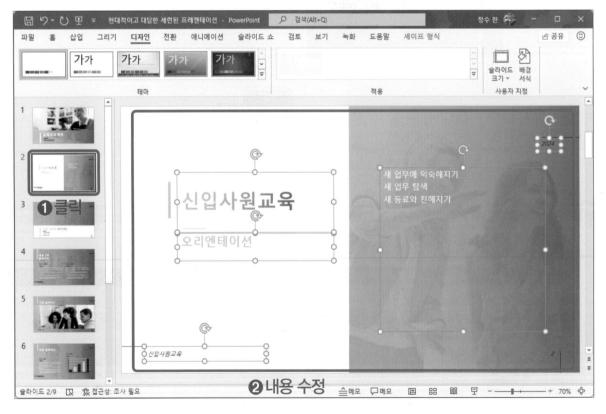

◎ 예제 파일 : 파워포인트 2021₩3장₩3-3.안전운전(예제).pptx

◑ 완성 파일 : 파워포인트 2021₩3장₩3-3.안전운전(완성).pptx

1 '제목 및 내용' 슬라이드를 삽입하고 다음과 같이 내용을 입력한 후 글꼴 서식을 변경해 보세요.

– 제목 : 글꼴(궁서체), 크기(45), 글꼴 색(파랑)

– 내용 : 글꼴(굴림체), 크기(35)

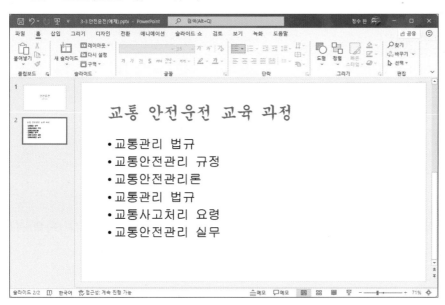

Hint!   슬라이드 삽입 단축키 : Ctrl + M 키

2 슬라이드의 크기를 'A4 용지', '맞춤 확인'으로 지정해 보세요.

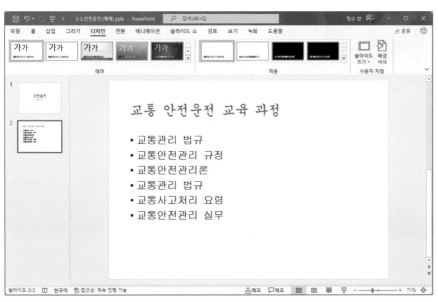

Hint!   [디자인] 탭-[사용자 지정] 그룹에서 [슬라이드 크기 ▢]-[사용자 지정 슬라이드 크기]

3 슬라이드 배경 서식을 다음과 같이 변경해 보세요.
　– 배경 서식 : 녹색, 강조 6, 80% 더 밝게, 모두 적용

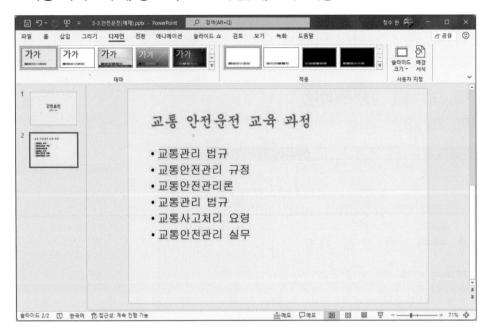

Hint!　배경 서식 : [디자인] 탭–[사용자 지정] 그룹–[배경 서식]–[채우기]–[단색 채우기]–[색]–[녹색, 강조 6, 80% 더 밝게]

4 슬라이드에 테마 디자인을 다음과 같이 변경해 보세요.
　– 테마 디자인 : 교육 테마, 색(녹색), 글꼴(궁서, 돋움)

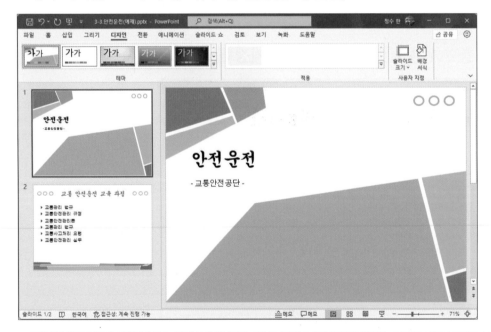

Hint!
• 테마 디자인 : [디자인] 탭–[테마] 그룹–[교육 테마]
• 디자인 변경 : [디자인] 탭–[적용] 그룹–[색]–[녹색]
• 디자인 변경 : [디자인] 탭–[적용] 그룹–[글꼴]–[궁서, 돋움]

도형 슬라이드 작성하기

도형을 추가하고, 편집하여 슬라이드를 시각적으로 보기 좋게 구성할 수 있습니다. 다양한 도형을 삽입하고, 복사, 이동 기능을 이용하여 슬라이드의 목차를 만들고 도형에 다양한 효과를 지정하여 입체감 있는 도형을 만드는 방법에 대하여 알아보겠습니다.

완성파일 미리보기

◎ 예제 파일 : 파워포인트 2021\4장\4-1.스마트모빌리티(예제).pptx
● 완성 파일 : 파워포인트 2021\4장\4-1.스마트모빌리티(완성).pptx

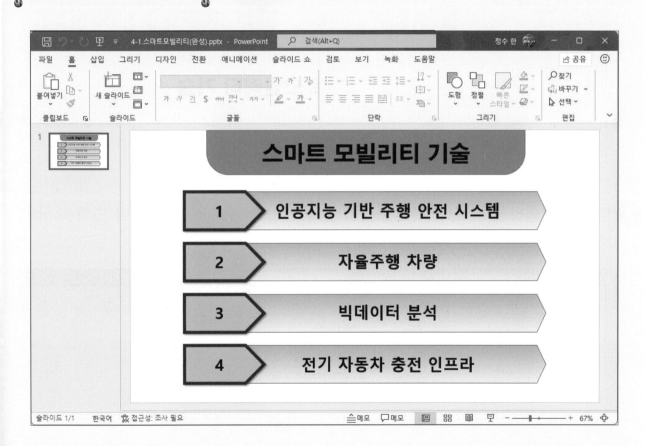

체크포인트

실습1 다양한 도형을 삽입하고 채우기 색과 윤곽선을 변경해 봅니다.

실습2 도형을 그룹으로 묶어 봅니다.

실습3 도형의 순서를 변경해 봅니다.

실습4 도형의 간격을 정렬해 봅니다.

도형을 삽입하고 편집하기

파워포인트에서의 도형은 시각적인 표현을 효과적으로 나타낼 수 있는 기능으로 도형을 삽입하고, 복사, 이동, 편집 기능을 이용한 시각적으로 보기 좋은 슬라이드를 만들 수 있습니다.

도형 삽입하기

1 [삽입] 탭-[일러스트레이션] 그룹에서 [도형 🔘]을 클릭한 후 '사각형'에서 '사각형: 둥근 위쪽 모서리' 도형을 클릭합니다.

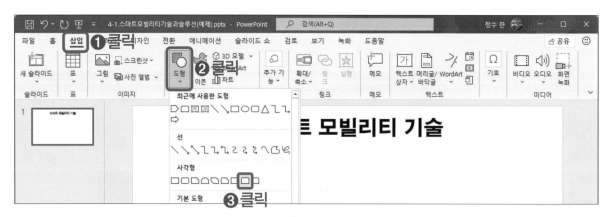

2 마우스 포인터가 '+' 모양으로 변경되면 슬라이드 위쪽에 드래그하여 도형을 삽입합니다.

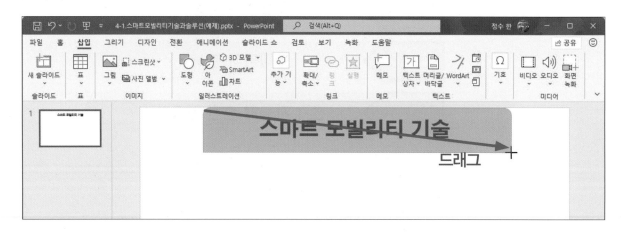

실력쑥쑥 TIP 도형 작성 방법

- Shift+드래그 : 정사각형/정원과 같이 가로와 세로 비율이 같은 상태로 그려집니다.
- Ctrl+드래그 : 시작점의 위치가 도형의 중심점을 기준으로 상하좌우로 그려집니다.

도형 배치 및 회전하기

3 '사각형: 둥근 위쪽 모서리'를 선택한 후 [도형 서식] 탭에서 [뒤로 보내기 🔲]를 클릭하여 도형을 글자 뒤로 배치합니다.

 실력쑥쑥 TIP

텍스트 상자나 도형에서 윤곽선이나 채우기 등을 설정할 경우 [도형 서식] 탭에서 설정할 수 있는데, 버전이나 업그레이드 상태에 따라 [셰이프 서식] 탭으로 표시되기도 합니다.

4 도형이 선택된 상태에서 [도형 서식] 탭–[회전 ⚞]–[상하 대칭 ◀]을 클릭합니다.

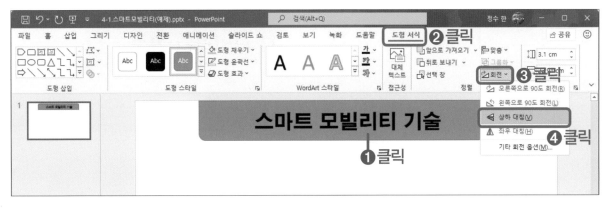

5 '사각형: 둥근 위쪽 모서리' 도형을 선택한 후 '변형 조절점 ◯'을 왼쪽으로 드래그하여 도형의 모서리를 좀 더 둥글게 변형합니다.

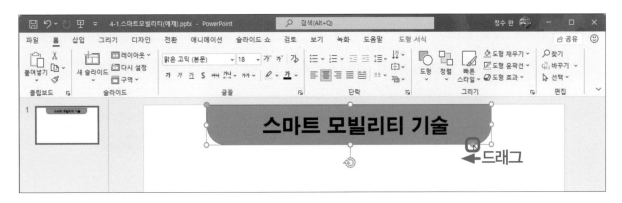

실력쑥쑥 🌵 TIP   도형의 편집

• 도형을 삽입하면 '회전 핸들', '크기 조절점', '변형 조절점'이 나타납니다.

• 도형 크기 조절 : 도형이 선택된 상태에서 '크기 조절점 ○'에 마우스 포인터를 올려놓으면 마우스 커서가 화살표 모양(↔, ↗)으로 변경되며, 이때 드래그하면 도형의 크기를 조절할 수 있습니다.

• 도형 회전 : '회전 핸들 ◎'을 선택한 후 좌우로 드래그하면 도형을 회전할 수 있습니다.

• 도형 변형 : '변형 조절점 ○'을 드래그하여 도형의 모양을 변경할 수 있습니다.

❻ 다른 도형을 삽입하기 위해 [삽입] 탭-[일러스트레이션] 그룹에서 [도형 🔘]을 클릭한 후 '블록 화살표'에서 '화살표: 오각형'을 클릭합니다.

❼ 마우스 포인터가 '+' 모양으로 변경되면 다음과 같이 드래그하여 '화살표: 오각형' 도형을 삽입합니다.

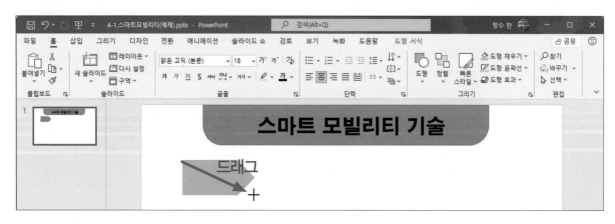

⑧ [삽입] 탭-[일러스트레이션] 그룹에서 [도형 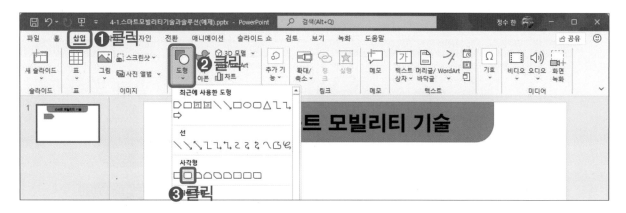]을 클릭한 후 '사각형'에서 '사각형: 둥근 모서리' 도형을 클릭합니다.

⑨ 마우스 포인터가 '+' 모양으로 변경되면 다음과 같이 드래그하여 '사각형: 둥근 모서리' 도형을 삽입합니다.

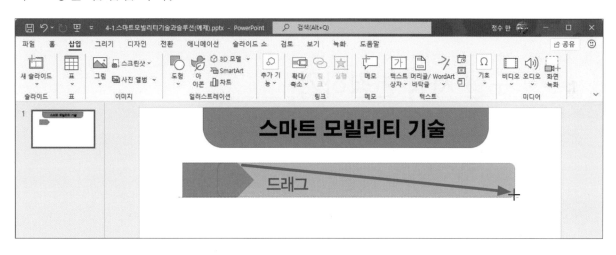

⑩ 오각형 도형을 선택한 후 『1』을 입력하고, 모서리가 둥근 사각형 도형을 선택한 후 『인공지능 기반 주행 안전 시스템』을 입력합니다.

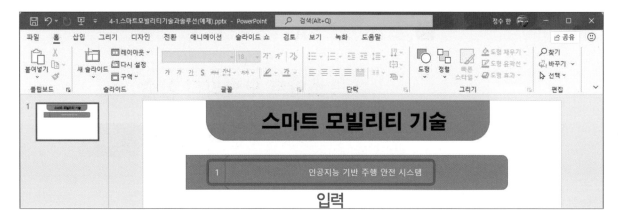

⑪ '화살표: 오각형' 도형을 선택한 후 Ctrl 키를 누른 채 '사각형: 둥근 모서리' 도형을 선택하여 두 도형을 모두 선택한 후 [홈] 탭의 [글꼴] 그룹에서 **글꼴 크기(32)**, '**굵게**', **글꼴 색(검정)**을 지정합니다.

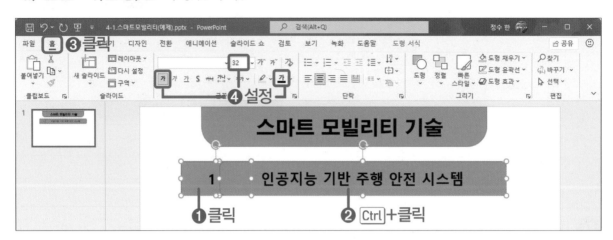

 도형 서식 변경하기

삽입된 도형에 도형의 채우기, 도형 윤곽선, 도형 효과를 변경하고, 도형의 모양을 변경할 수 있습니다.

도형 채우기, 윤곽선 변경, 도형 효과 지정하기

① '화살표: 오각형' 도형을 선택한 후 [도형 서식] 탭-[정렬] 그룹에서 [앞으로 가져 오기 ▢]를 클릭합니다.

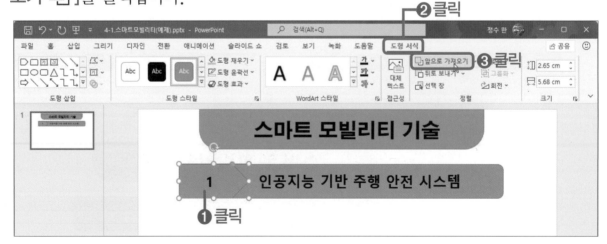

2 '화살표: 오각형' 도형이 선택된 상태에서 [도형 서식] 탭-[도형 스타일] 그룹에서 [도형 채우기 ◬]-'주황'을 클릭합니다.

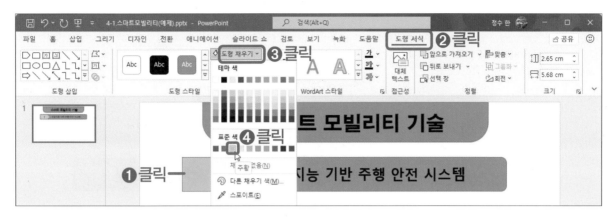

3 [도형 서식] 탭-[도형 스타일] 그룹에서 [도형 윤곽선 ✏]-[표준 색]-'진한 파랑'을 클릭합니다.

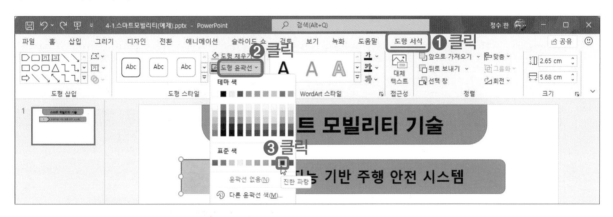

4 [도형 서식] 탭-[도형 스타일] 그룹에서 [도형 윤곽선 ✏]-[두께]-'6pt'를 클릭합니다.

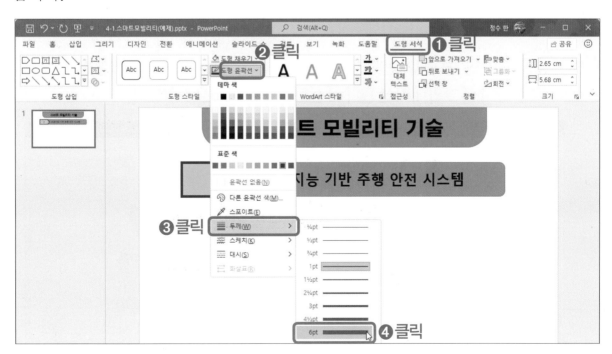

⑤ [도형 서식] 탭-[도형 스타일] 그룹에서 [도형 효과 ◇]-[그림자 ☐]-'오프셋: 오른쪽 아래'를 클릭합니다.

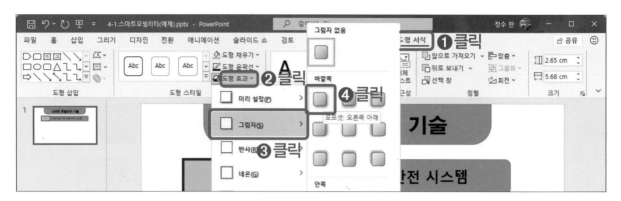

도형 모양 변경하기

⑥ '사각형: 둥근 모서리' 도형을 선택한 후 [도형 서식] 탭-[도형 삽입] 그룹에서 [도형 편집 ﹃ 도형 편집 ∨]-[도형 모양 변경]의 '기본 도형'에서 '육각형' 도형을 선택합니다.

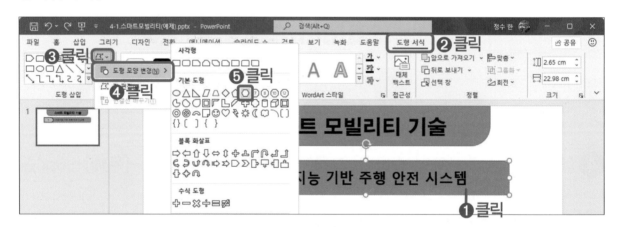

⑦ 변경된 '육각형' 도형을 선택한 후 [도형 서식] 탭-[도형 스타일] 그룹에서 [도형 채우기 ◇]-[그라데이션 ◻]-[선형 아래쪽]을 클릭합니다.

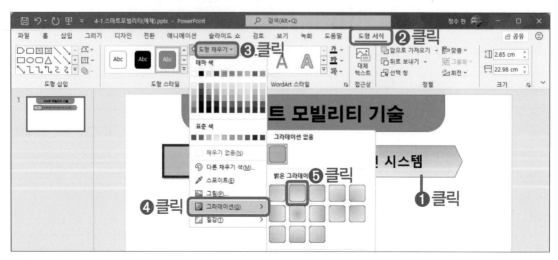

TIP 그라데이션

- 그라데이션은 진한 색채로부터 점차 흐려지게 색상의 단계적 변화를 주는 기법입니다.
- 삽입한 도형이나 개체에 색상을 지정한 후 그라데이션에 '밝은 그라데이션', '어두운 그라데이션'을 선택할 수 있습니다.

실습3 도형 복사와 간격 조절하기

작업한 도형을 복사하고 간격을 동일하게 설정할 수 있습니다.

도형 복사하기

① '화살표: 오각형' 도형을 선택한 후 Ctrl 키를 누른 상태에서 '육각형' 도형을 클릭하여 두 개의 도형을 선택합니다.

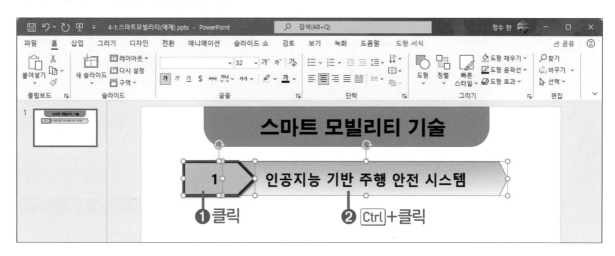

 **TIP** 여러 개의 도형 선택

여러 개의 도형을 동시에 선택하려면 마우스로 해당 도형이 포함되도록 드래그하여 선택하거나, Ctrl 키를 누른 상태에서 여러 도형을 선택할 수 있습니다.

② 두 개의 도형이 선택되면 [도형 서식] 탭-[정렬] 그룹에서 [그룹화 ⊡]-[그룹]을 클릭합니다.

③ 그룹화된 첫 번째 도형을 선택한 후 Ctrl + Shift 키를 누른 채 아래쪽으로 드래그하여 도형을 복사합니다.

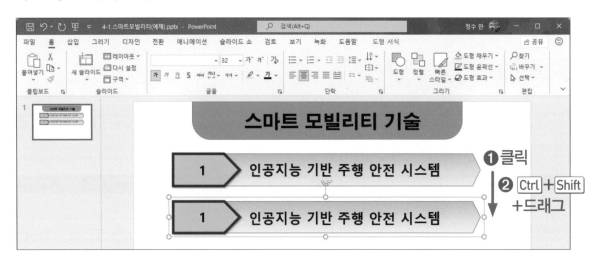

④ 같은 방법으로 Ctrl + Shift 키를 누른 채 아래쪽으로 드래그하여 총 4개가 되도록 복사합니다.

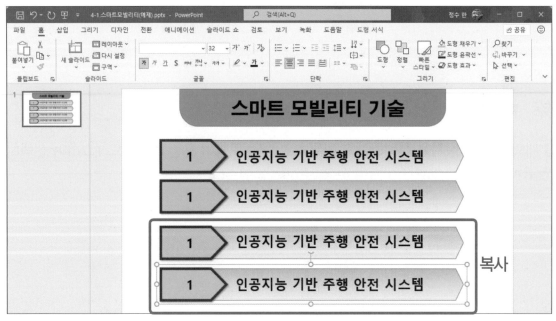

실력쑥쑥 TIP . 도형의 이동과 복사

- 드래그 : 도형을 원하는 위치로 이동합니다.
- Shift +드래그 : 도형을 수평 또는 수직으로 이동합니다.
- Ctrl +드래그 : 도형을 원하는 위치로 복사합니다.
- Ctrl + Shift +드래그 : 도형을 수평 또는 수직으로 복사합니다.
- Ctrl + D : 도형을 복제합니다.

⑤ 첫 번째 도형을 선택한 후 Ctrl 키를 누른 채 나머지 도형을 클릭하여 모두 선택하고, [도형 서식] 탭-[정렬] 그룹에서 [맞춤]-[세로 간격을 동일하게]를 클릭합니다.

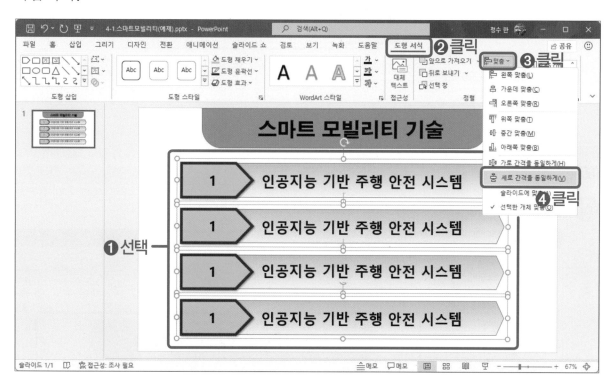

❻ 도형의 세로 간격이 동일하게 지정되었으면 다음과 같이 도형의 텍스트를 수정합니다.

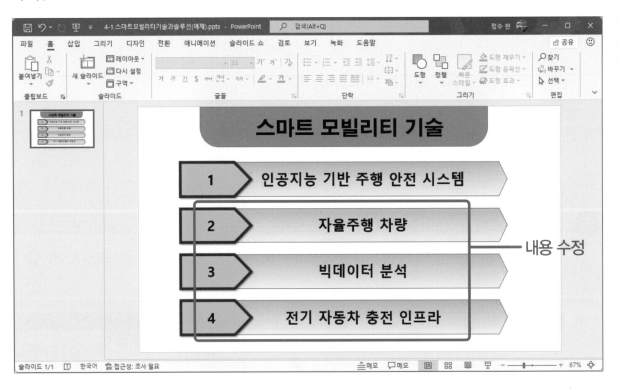

도형을 슬라이드의 가운데 맞춤 지정하기

❼ Ctrl + A 키를 눌러 슬라이드의 모든 도형을 선택합니다.

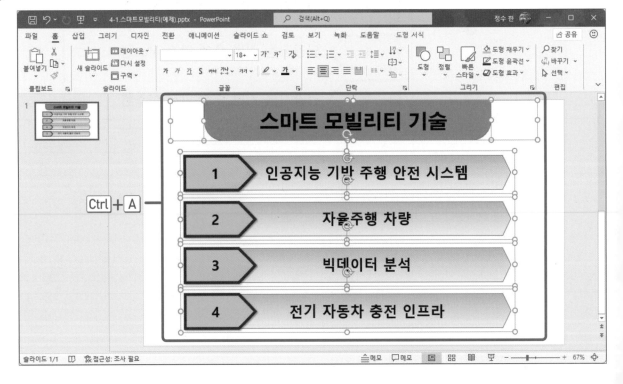

8 [도형 서식] 탭-[정렬] 그룹의 [맞춤 ⬚]에서 [슬라이드에 맞춤]을 선택하고, 다시 [맞춤 ⬚]에서 [가운데 맞춤 ⬚]을 클릭합니다.

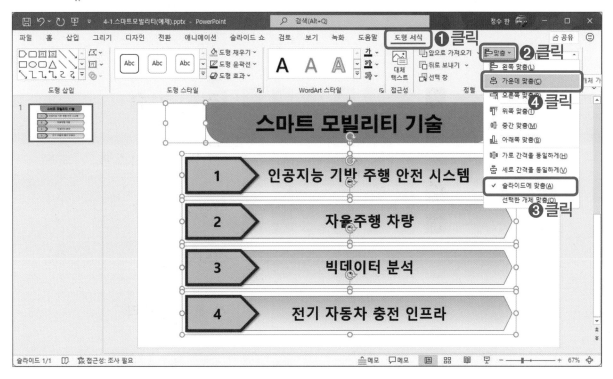

9 제목의 '사각형: 상단 둥근 위쪽 모서리' 도형을 선택한 후 [도형 서식] 탭-[도형 스타일] 그룹에서 [자세히 ⬚]를 클릭합니다.

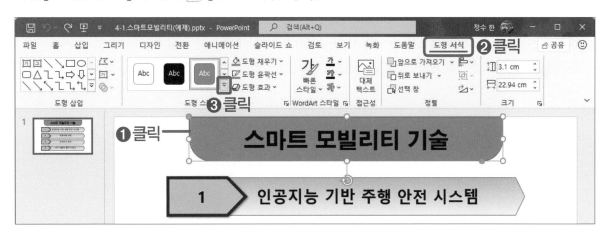

⑩ '테마 스타일'에서 '미세효과 – 주황, 강조 2'를 선택하여 스타일을 지정합니다.

 **TIP** **도형 스타일**

[도형 서식] 탭의 [도형 스타일] 그룹에서 [자세히 ⯆] 단추를 클릭하면 도형 또는 선의 다양한 표시 스타일을 빠르게 지정할 수 있습니다. 또한, [다른 테마 채우기]를 선택하면 그라데이션이 추가된 12개의 다른 테마를 선택할 수도 있습니다.

◎ 예제 파일 : 파워포인트 2021\4장\4-2.시니어고객(예제).pptx
◎ 완성 파일 : 파워포인트 2021\4장\4-2.시니어고객(완성).pptx

1 '4-2.시니어고객(예제)' 파일에서 다음과 같이 '육각형' 도형과 '타원', '직사각형' 도형을 삽입하고 내용을 입력해 보세요.

- 제목 도형 : 글꼴 크기(40pt), 굵게, 텍스트 그림자, 글꼴 색(흰색, 배경 1)
- 내용 도형 : 글꼴 크기(32pt), 굵게, 글꼴 색(검정, 텍스트 1)

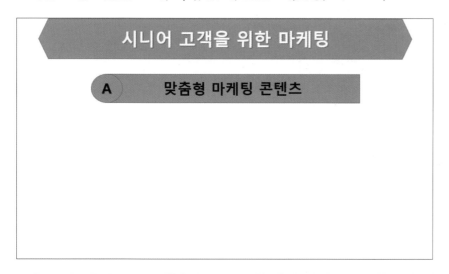

Hint!   도형에 글자를 입력한 후 [홈] 탭의 [글꼴] 그룹에서 글꼴 크기, 굵게, 텍스트 그림자, 글꼴 색 지정

2 각 도형의 채우기 색과 윤곽선을 다음과 같이 변경해 보세요.

- 원형 도형 : 도형 채우기(주황), 도형 윤곽선(주황, 강조 2), 윤곽선 두께(6pt), 도형 효과-그림자 (오프셋 : 오른쪽 아래)
- 직사각형 도형 : 도형 채우기(흰색, 배경 1, 15% 더 어둡게), 도형 윤곽선(없음)

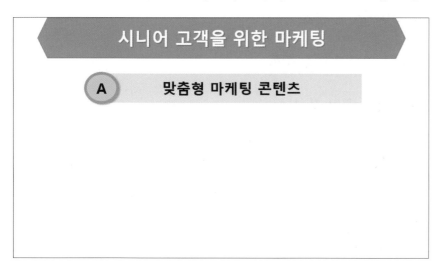

Hint!   [도형 서식] 탭-[도형 스타일] 그룹에서 [도형 채우기], [도형 윤곽선], [도형 효과]를 지정

3 도형을 그룹으로 지정한 후 복사하고 내용을 입력해 보세요.
- 원형 도형과 직사각형 도형을 그룹화 지정
- 그룹화된 도형을 아래쪽으로 3개 복사한 후 그림과 같이 내용을 입력

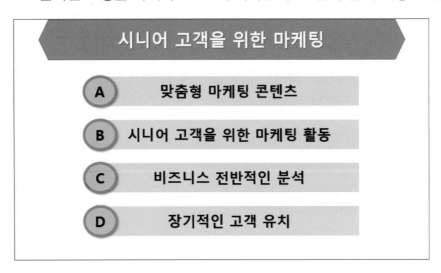

Hint! • 도형을 선택한 후 [도형 서식] 탭–[정렬] 그룹에서 [그룹화 ⊞]–[그룹]을 클릭
• 도형 수평, 수직 복사 : [Ctrl]+[Shift]+드래그

4 제목 도형(육각형)과 목록 도형을 다음과 같이 지정해 보세요.
- 상단의 제목 '육각형' 도형을 '빗면' 도형으로 변경한 후 도형 스타일을 '미세효과–파랑, 강조 1' 로 지정
- 4개의 목록 도형의 세로 간격을 동일하게 지정
- 전체 도형을 슬라이드의 가운데로 맞춤 지정

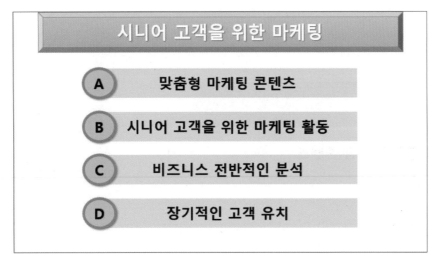

Hint! • 도형 변경 : [도형 서식] 탭–[도형 삽입] 그룹에서 [⌁ 도형 편집 ˅]–[도형 모양 변경]
• 세로 간격 맞춤 : [도형 서식] 탭–[정렬] 그룹–[맞춤 ⊫]–[세로 간격을 동일하게 ❑]를 클릭
• 슬라이드 가운데 맞춤 : [도형 서식] 탭–[정렬] 그룹–[맞춤 ⊫]에서 [슬라이드에 맞춤]을 선택하고, 다시 [맞춤 ⊫]에서 [가운데 맞춤 ❑]을 클릭

05장 그래픽 슬라이드 작성하기

파워포인트에서는 다양한 개체를 삽입할 수 있습니다. 이번 장에서는 슬라이드에 그림 삽입, 스톡 미디어를 이용하여 개체 삽입, 워드아트, 스마트아트 등의 다양한 개체를 삽입하고 편집하는 방법에 대하여 알아보겠습니다.

완성파일 미리보기

무료 동영상

◎ 예제 파일 : 파워포인트 2021₩5장₩5-1.자율주행(예제).pptx
● 완성 파일 : 파워포인트 2021₩5장₩5-1.자율주행(완성).pptx

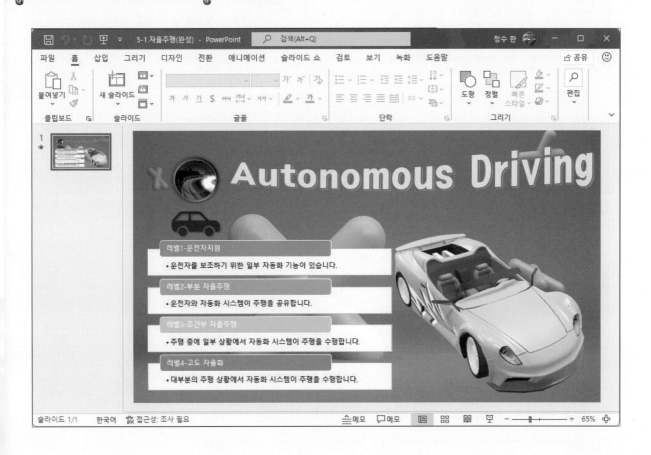

체크포인트

실습1 그림을 삽입하고 삽입된 그림을 편집해 봅니다.

실습2 스톡 미디어를 이용하여 그림 및 동영상을 삽입하고 편집해 봅니다.

실습3 WordArt를 삽입하고 편집해 봅니다.

실습4 SmartArt를 삽입하고 편집해 봅니다.

그림 삽입하고 편집하기

슬라이드에 그림 파일을 삽입하고, 삽입한 그림에 스타일, 테두리, 크기 변경 등을 편집하는 방법에 대하여 알아봅니다.

그림 삽입하기

1 [빈 화면] 슬라이드에서 [삽입] 탭-[이미지] 그룹의 [그림 🖼]-[이 디바이스 🖳] 를 클릭합니다.

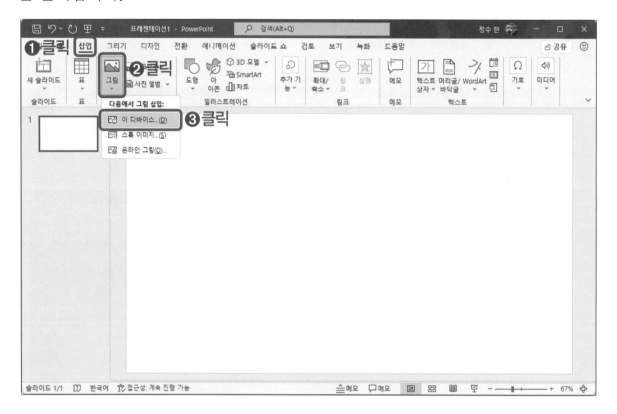

2 [그림 삽입] 대화상자에서 찾는 위치(파워포인트 2021₩5장)를 지정한 후 '**자율주행.jpg**' 파일을 선택하고 [삽입] 단추를 클릭합니다.

③ 그림이 삽입되면 그림이 선택된 상태에서 [그림 서식] 탭-[그림 스타일] 그룹의
자세히(▽)를 클릭하고 '금속 타원'을 선택합니다.

④ [그림 서식] 탭-[그림 스타일] 그룹의 [그림 테두리 ✏️]에서 '파랑, 강조 1' 색을
선택합니다.

5 [그림 서식] 탭-[그림 스타일] 그룹의 [그림 테두리 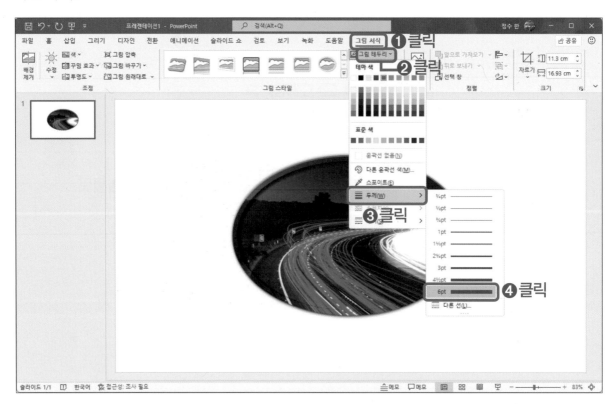]-[두께]에서 '6pt'를 선택합니다.

6 크기 변경 조절점(○)을 드래그하여 크기를 조절합니다.

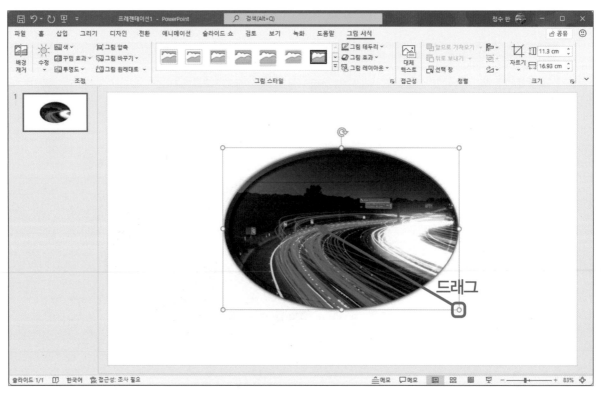

7 크기가 조절된 그림을 슬라이드의 왼쪽 위로 위치를 이동합니다.

실습 2 스톡 이미지를 이용하여 그림 및 동영상을 삽입하고 편집하기

스톡 이미지는 이미지, 아이콘, 사람 컷아웃, 스티커, 비디오, 일러스트레이션, 만화 캐릭터 등의 개체를 검색하여 삽입할 수 있는 기능입니다. 스톡 이미지를 이용하여 다양한 이미지 개체를 삽입하고 편집하는 방법에 대하여 알아봅니다.

스톡 이미지 삽입

1 [삽입] 탭-[이미지] 그룹-[그림]-[스톡 이미지 🔍]를 클릭합니다.

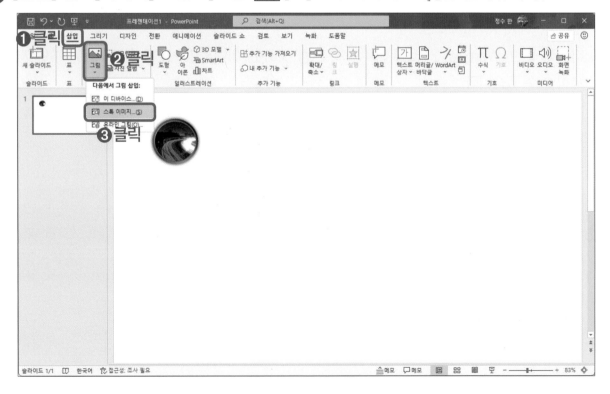

② 스톡 이미지 대화상자에서 '**아이콘**'을 클릭한 후 입력 창에 『**자동차**』를 입력하고,
Enter 키를 눌러 자동차 아이콘이 검색되면 자동차 아이콘을 선택한 후 [삽입] 단추
를 클릭합니다.

 **TIP** 스톡 이미지

스톡 이미지(Stock Image)란 광고에서 사용되는 이미지를 말하며, 이미지를 제작하기 위
해 소요되는 시간을 줄일 수 있습니다. 스톡 이미지 기능은 파워포인트 2021 버전이나 Office
365버전에서 지원합니다.
다음과 같이 'WordArt'와 스톡 이미지의 '사람 컷아웃' 이미지만으로도 쉽게 새로운 이미지를
제작할 수 있습니다.

▲ 스톡 이미지로 작업한 그림

❸ 삽입된 자동차를 선택한 후 [그래픽 형식] 탭-[그래픽 스타일] 그룹-[그래픽 채우기 ◍]의 '표준색'에서 '진한 파랑'을 클릭합니다.

❹ [그래픽 형식] 탭-[그래픽 스타일] 그룹에서 [그래픽 효과]-[그림자 ☐]에 '오프셋: 오른쪽 아래'를 클릭합니다.

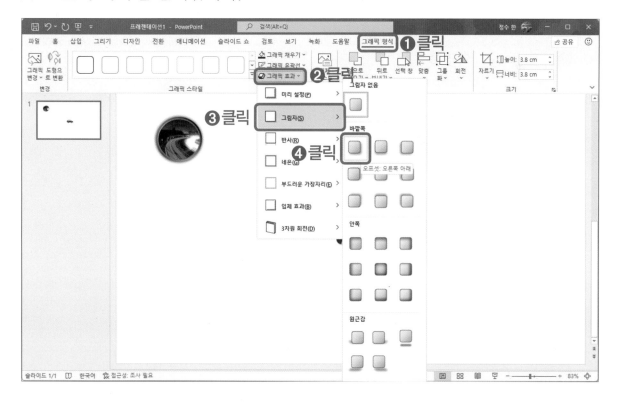

5 자동차 아이콘을 왼쪽으로 이동한 후 크기를 조절합니다.

스톡 이미지에서 비디오 삽입

6 [삽입] 탭-[이미지] 그룹-[그림 ]-[스톡 이미지]를 클릭합니다.

⑦ 스톡 이미지 대화상자에서 '비디오'를 클릭한 후 입력 창에 『배경』을 입력하고, Enter 키를 눌러 검색된 배경을 선택한 후 [삽입] 단추를 클릭합니다.

⑧ 삽입된 비디오를 선택한 후 [비디오 형식] 탭-[정렬] 그룹에서 [뒤로 보내기 ⬜]
-[맨 뒤로 보내기 ⬚]를 클릭하여 비디오를 뒤로 이동하고 슬라이드의 크기에 맞
게 크기를 조절합니다.

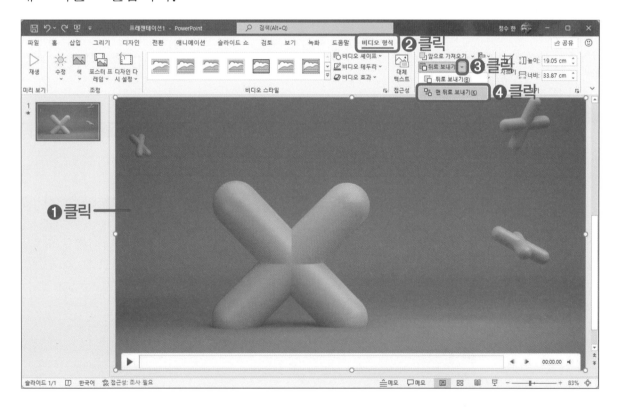

❾ [비디오 형식] 탭-[미리 보기] 그룹에서 [재생 ▷]을 클릭하여 비디오가 재생되는 지 확인합니다.

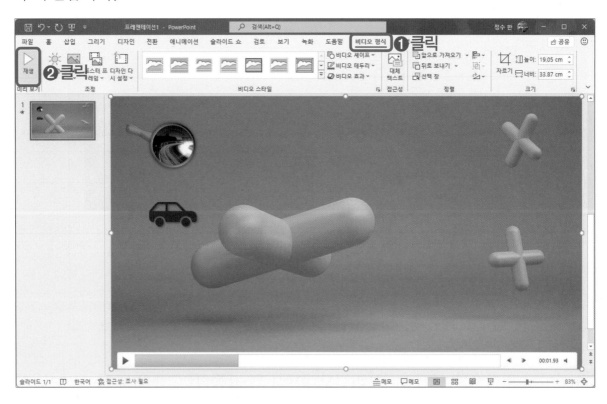

스톡 3D 모델 삽입하기

❿ [삽입] 탭-[일러스트레이션] 그룹-[3D 모델 ⬡]-[스톡 3D 모델 🔍]을 클릭합니다.

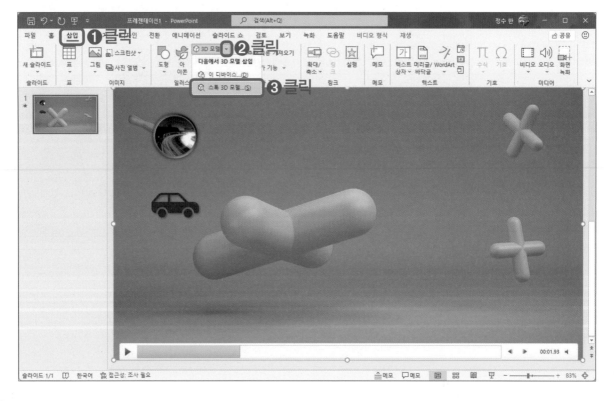

⓫ 온라인 3D 모델 대화상자에서 입력 창에 『CAR』를 입력하고, Enter 키를 눌러 검색된 자동차 3D 모델을 선택한 후 [삽입] 단추를 클릭합니다.

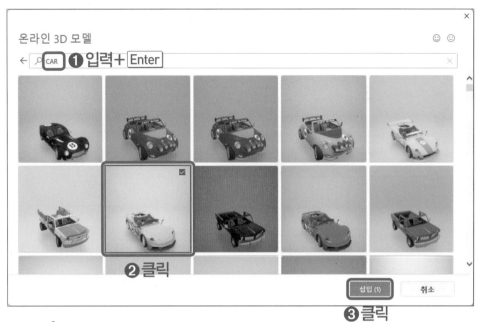

실력쑥쑥 🌱 TIP **3D 모델 보기**

온라인 3D 모델의 검색 창에 텍스트 입력 시 영문으로 입력해야 검색됩니다. 예를 들어 '장난감'을 입력하면 검색이 안 되며 'TOY'라고 입력합니다.

⓬ 삽입된 3D 모델 자동차를 선택한 후 가운데 '3차원 보기 버튼(⊕)'을 눌러 이미지를 회전합니다.

실력쑥쑥  **TIP** 3D 모델 보기

[3D 모델] 탭에서 [3D 모델 보기] 그룹의 자세히(▼)를 눌러 여러 각도의 방향을 선택하여 이미지를 3D로 회전할 수도 있습니다.

⑬ 회전한 이미지를 슬라이드 오른쪽 하단으로 이동합니다.

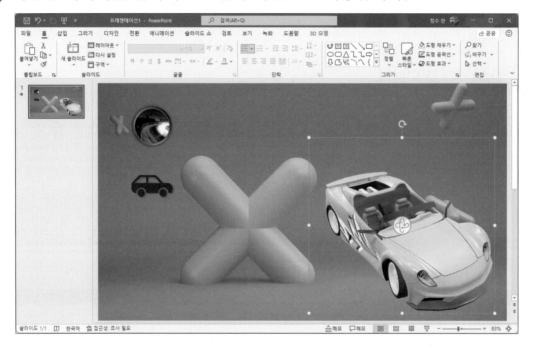

실습3 WordArt 삽입하고 편집하기

WordArt는 텍스트를 이미지화하여 다양한 효과를 지정하는 기능입니다. WordArt를 삽입하고 편집하는 방법에 대하여 알아봅니다.

워드아트 삽입하기

① [삽입] 탭-[텍스트] 그룹에서 [WordArt]를 클릭한 후 '채우기: 흰색, 윤곽선: 주황, 강조색 2, 진한 그림자: 주황, 강조색 2'를 클릭합니다.

실력쑥쑥 **TIP** **워드아트 변경하기**

삽입된 워드아트를 선택하고 [도형 서식] 탭에서 [WordArt
스타일] 그룹의 [자세히 ⊽]를 클릭하면 워드아트 스타일
을 변경할 수 있습니다.

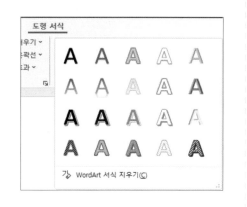

② 워드아트의 입력 창에 『Autonomous Driving』을 입력합니다.

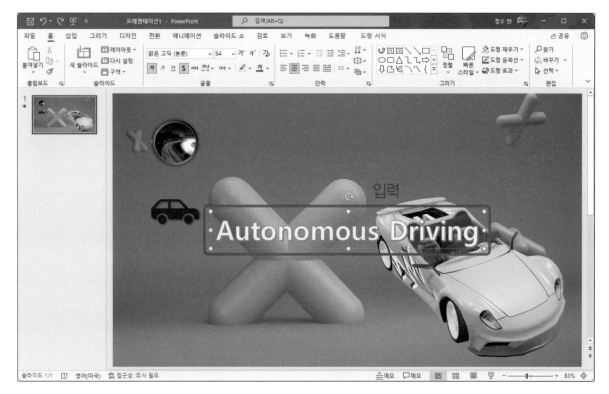

워드아트 서식 변경하기

3 워드아트 개체를 선택한 후 [홈] 탭-[글꼴] 그룹에서 글꼴을 '휴먼둥근헤드라인'으로 지정합니다.

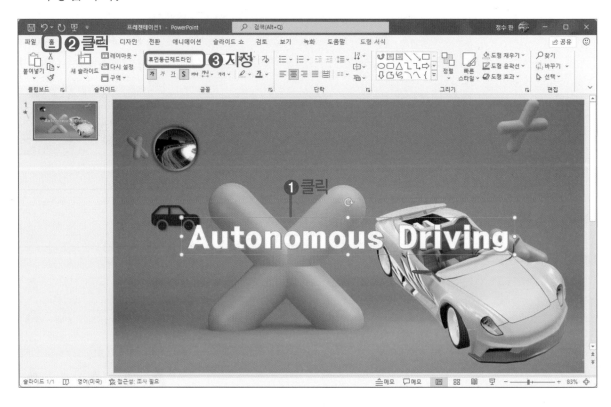

4 삽입된 워드아트 개체가 선택된 상태에서 [도형 서식] 탭-[WordArt 스타일] 그룹-[텍스트 채우기 **가**]-[노랑]을 클릭합니다.

❺ [도형 서식] 탭-[WordArt 스타일] 그룹에서 [텍스트 윤곽선 ㉮]-[파랑]을 클릭
합니다.

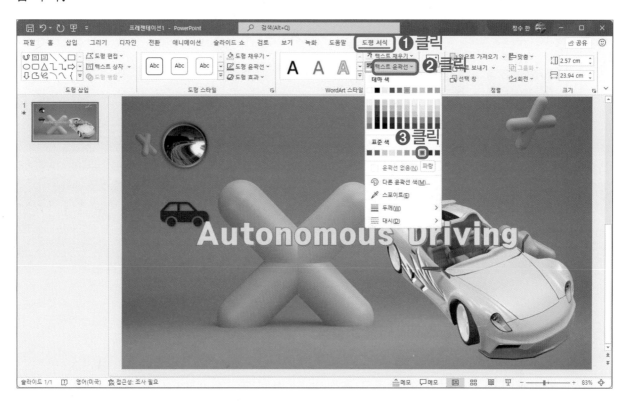

워드아트 효과 변경하기

❻ 워드아트 개체가 선택된 상태에서 [도형 서식] 탭-[WordArt 스타일] 그룹-[텍스
트 효과 ㉮]-[변환 가]-[곡선: 위로 abcde]를 클릭합니다.

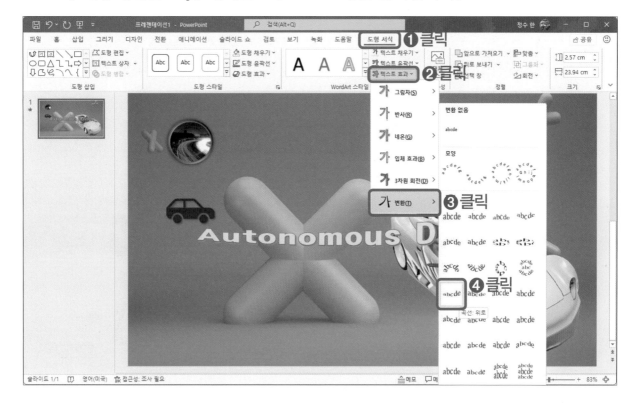

⑦ 워드아트 개체의 테두리에서 '변형 조절점(◉)'을 드래그하여 모양을 변경합니다.

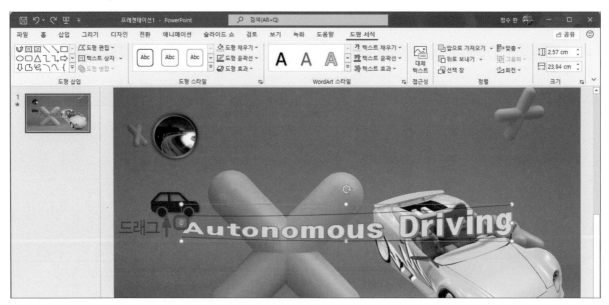

 **TIP** **WordArt의 변형 조절점**

WordArt에 나타난 변형 조절 핸들은 주황색 점(◉)으로 표시되며, 이를 마우스로 드래그하면 현재 선택한 WordArt의 모양을 쉽게 변경할 수 있습니다.

워드아트 크기와 위치 조절하기

⑧ 워드아트 개체를 선택한 후 위로 드래그하여 위치를 조절합니다.

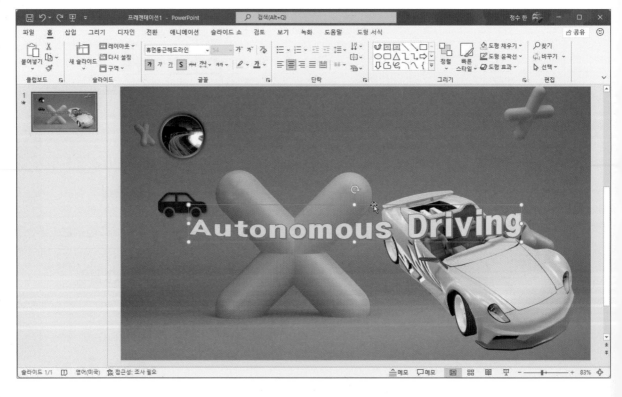

9 크기 조절점을 드래그하여 워드아트의 크기를 조절합니다.

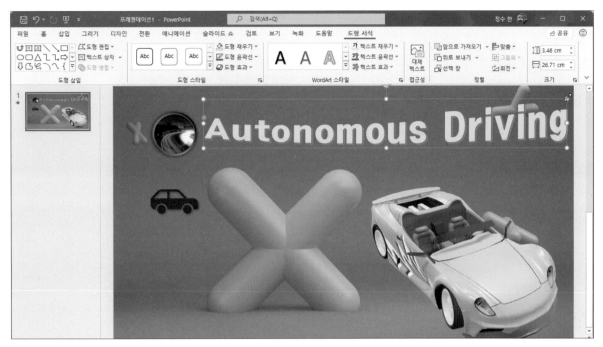

 TIP 워드아트 크기 조절하기

[Ctrl] 키를 누른 상태에서 조절점을 드래그하면 도형의 중심점을 중심으로 크기가 조절됩니다.

실습4  SmartArt 삽입하고 편집하기

SmartArt는 다양한 도형을 다이어그램 형태로 빠르게 작업할 수 있는 기능입니다. SmartArt를 삽입하고 편집하는 방법에 대하여 알아봅니다.

스마트아트 삽입하기

1 [삽입] 탭-[WordArt 스타일] 그룹에서 [SmartArt ▷目]를 클릭합니다.

② [SmartArt 그래픽 선택] 대화상자가 나타나면 [목록형]에 '세로 상자 목록형'을
선택하고 [확인] 단추를 클릭합니다.

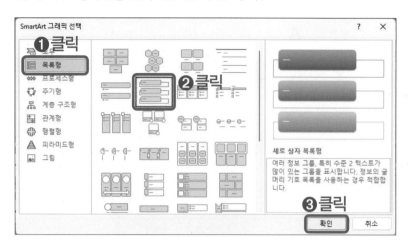

 **TIP** **WordArt의 변형 조절점**

SmartArt 그래픽 범위는 그래픽 목록과 프로세스 다이어그램에서부터 벤다이어그램이나 조
직도 같은 복잡한 그래픽까지 다양합니다.

③ 도형을 추가하기 위해서 [SmartArt 디자인] 탭-[그래픽 만들기] 그룹에서 [도형
추가 ⁺ᵁ]를 클릭합니다.

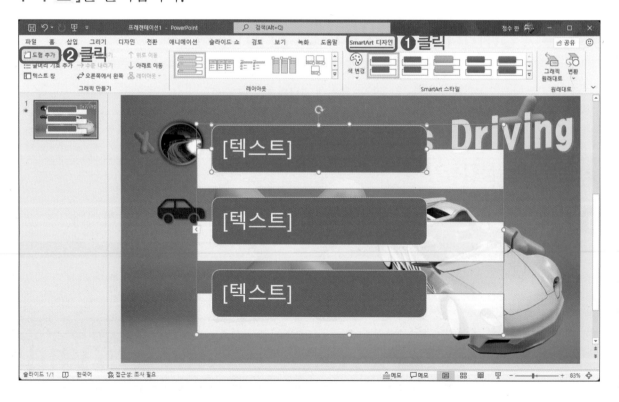

④ 각 도형을 클릭한 후 다음과 같이 텍스트를 입력합니다.

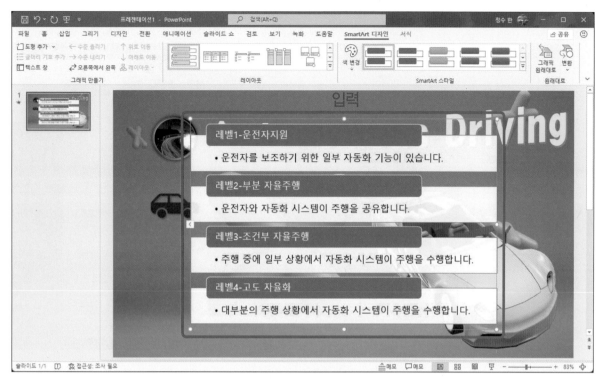

⑤ 스마트아트의 위치를 왼쪽으로 이동한 후 '크기 조절점(○)'을 드래그하여 크기를 조절합니다.

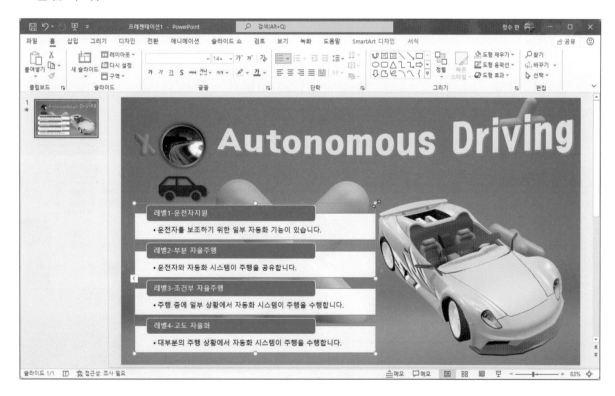

❻ 삽입된 스마트아트 개체를 선택한 후 [SmartArt 디자인] 탭-[SmartArt 스타일] 그룹에서 [색 변경 🎨]의 '색상형 – 강조색'을 클릭합니다.

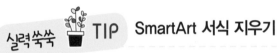 TIP **SmartArt 서식 지우기**

[SmartArt 디자인] 탭-[SmartArt 스타일] 그룹에서 [그래픽 원래대로 🖼] 단추를 클릭하면 SmartArt 그래픽에서 변경한 서식을 모두 취소하고, 원래대로 복구할 수 있습니다.

❼ 스마트아트 개체가 선택된 상태에서 [SmartArt 디자인] 탭-[SmartArt 스타일] 그룹의 자세히(⊽)를 클릭한 후 '강한 효과'를 클릭합니다.

실력쑥쑥 TIP **SmartArt 레이아웃**

- SmartArt 그래픽에 적용된 레이아웃을 변경할 수 있는데, 이는 SmartArt 그래픽의 종류에 따라 다르게 나타납니다.
- [SmartArt 디자인] 탭-[레이아웃]의 자세히(▽)를 눌러 다른 형태로 SmartArt 레이아웃을 변경할 수 있습니다.

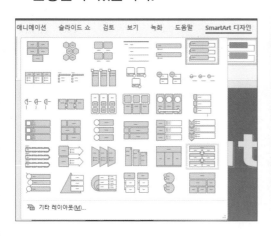

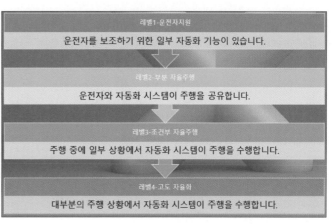

8 다음과 같이 슬라이드가 완성되면 F5 키를 클릭하여 슬라이드 쇼를 실행하면 배경이 움직이는 슬라이드를 확인할 수 있습니다.

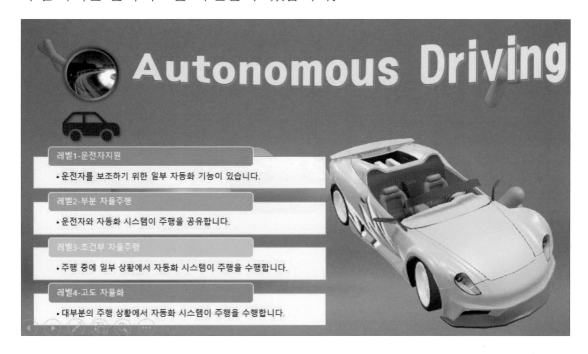

◎ 예제 파일 : 파워포인트 2021₩5장₩5-2.취업역량(예제).pptx
◎ 완성 파일 : 파워포인트 2021₩5장₩5-2.취업역량(완성).pptx

1 [빈 화면] 슬라이드 레이아웃에 다음과 같이 스톡 이미지에서 비디오(별 배경)를 삽입해 보세요.

Hint! [삽입] 탭-[이미지] 그룹-[스톡 이미지 🔍]-[비디오] '별 배경' 검색

2 위쪽에 그림과 WordArt를 삽입하고 다음과 같이 변경해 보세요.
– 그림 : 취업역량.jpg, 그림 스타일(금속 타원), 그림 테두리 색(파랑), 그림 테두리 두께(6pt)
– WordArt : **A**(채우기: 검정, 텍스트 1, 윤곽선: 흰색, 배경색 1, 진한 그림자 : 파랑, 강조색 5), 글꼴(HY견고딕), 변환(abCde 삼각형: 위로)

Hint!
• [삽입] 탭-[이미지] 그룹-[그림]-[이 디바이스 🖥]-'취업역량.jpg' 파일 삽입
• [삽입] 탭-[텍스트] 그룹-[WordArt ✏]- **A** (채우기: 검정, 텍스트 1, 윤곽선: 흰색, 배경색 1, 진한 그림자 : 파랑, 강조색 5),

3 SmartArt를 삽입하고 다음과 같이 변경해 보세요.

– SmartArt 그래픽(프로세스형–세로 화살표 목록형), 색 변경 : SmartArt 스타일(강조 1–투명
그라데이션 범위–강조 1), SmartArt 스타일(미세효과)

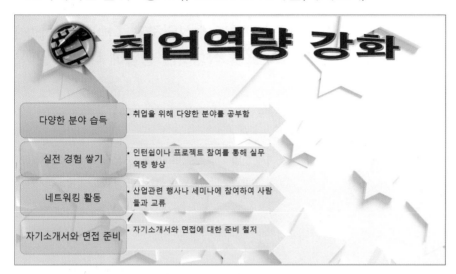

> **Hint!**
> • [삽입] 탭–[일러스트레이션] 그룹–[SmartArt 📊]–[프로세스형]–[세로 화살표 목록형]
> • [SmartArt 디자인] 탭–[SmartArt 스타일] 그룹–[색 변경 🎨]–[강조 1]–[투명 그라데이션
> 범위–강조 1]
> • [SmartArt 디자인] 탭–[SmartArt 스타일] 그룹–[미세 효과]

4 스톡 3D 모델을 삽입하고 다음과 같이 변경해 보세요.

– 3D 모델 : 'Microsoft Products' 검색(데스크 톱 3D 이미지), 3D 모델 보기(위쪽 앞 왼쪽)

> **Hint!**
> • [삽입] 탭–[일러스트레이션] 그룹–[3D 모델 📦]–[스톡 3D 모델]–검색 창에 『Microsoft Products』
> 입력
> • [3D 모델] 탭–[3D 모델 보기] 그룹–[위쪽 앞 왼쪽]

06장 표 슬라이드 작성하기

표는 슬라이드 내용을 일목요연하게 정리하고자 할 때 많이 사용하는 기능입니다. 이번 장에서는 표를 슬라이드에 삽입하고, 다양한 서식과 편집 기능을 이용하여 원하는 형태의 표를 작성하는 방법에 대하여 알아보겠습니다.

완성파일 미·리·보·기

무료 동영상

◎ 예제 파일 : 파워포인트 2021₩6장₩6-1.문화행사(예제).pptx
● 완성 파일 : 파워포인트 2021₩6장₩6-1.문화행사(완성).pptx

구분		내용
개인 및 단체	주제	다양한 문화공연을 통해 문화향유의 기회 제공
	행사 장소	중랑 아트센터, 대강당, 소강당
입장료 무료	문화행사	나를 위한 시간 아트테라피 젠탱글
		마음을 잇는 조각 콜라주
		심금을 울리는 악기, 얼후

체·크·포·인·트

실습1   슬라이드에 표를 삽입하고 텍스트를 입력해 봅니다.

실습2   삽입된 표에 행을 삽입, 삭제, 셀 병합 등을 편집해 봅니다.

실습3   표의 스타일을 지정하고 음영 색과 효과를 지정해 봅니다.

실습 **1** 슬라이드에 표 삽입하기

슬라이드에서 표는 도형만큼이나 유용하게 사용하는 개체 메뉴로 내용 분류가 필요한 데이터를 일목요연하게 정리하고자 할 때 주로 사용합니다. 그럼, 표를 삽입하는 방법에 대하여 알아보겠습니다.

표 삽입하기

1 표를 삽입하기 위해 내용 텍스트 상자에서 [표 삽입 ⊞] 아이콘을 클릭합니다.

2 [표 삽입] 대화상자에서 열 개수(3)와 행 개수(6)를 입력한 후 [확인] 단추를 클릭합니다.

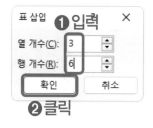

 실력쑥쑥 TIP **표 삽입**

[삽입] 탭의 [표] 그룹에서 [표 ⊞]를 클릭한 후 마우스를 드래그하여 표의 열(3)과 행(6)의 수를 지정하여 표를 생성할 수도 있습니다.

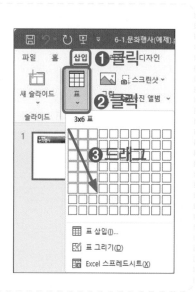

3 표가 삽입되면 표의 크기 조절 핸들(○)을 아래쪽으로 드래그하여 표의 크기를 크게 조절합니다.

4 첫 번째 열의 경계선에서 마우스 포인터가(↔) 모양으로 변경되면 마우스를 왼쪽으로 드래그하여 1열의 너비를 줄입니다.

5 같은 방법으로 두 번째 열의 경계선에서 마우스 포인터가 (✦) 모양으로 변경되면 마우스를 왼쪽으로 드래그하여 2열의 너비를 줄입니다.

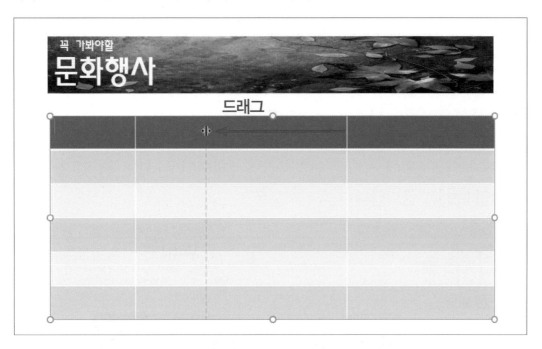

6 열의 너비가 적당히 조절되면 다음과 같이 표의 내용을 입력합니다.

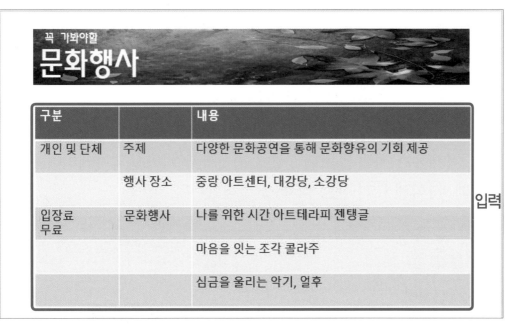

실력쑥쑥 🌱 TIP 표의 구성

• 표를 구성하는 각각의 사각형을 '셀'이라고 합니다.
• 표는 가로(행)와 세로(열)로 구성되는데 3행×4열의 표는 다음과 같습니다.

1행1열	1행2열	1행3열	1행4열
2행1열	2행2열	2행3열	2행4열
3행1열	3행2열	3행3열	3행4열

삽입된 표에 행 및 열 삽입, 셀 병합 및 분할, 맞춤, 셀 크기, 표 크기 등의 여러 가지 기능을 지정하여 원하는 형태의 표를 편집하는 방법에 대하여 알아보겠습니다.

표에 행을 삽입하고 삭제하기

1 행을 추가하기 위해 6행에 커서를 위치시킨 후 [레이아웃] 탭-[행 및 열] 그룹에서 [아래에 삽입 ⬇]을 클릭합니다.

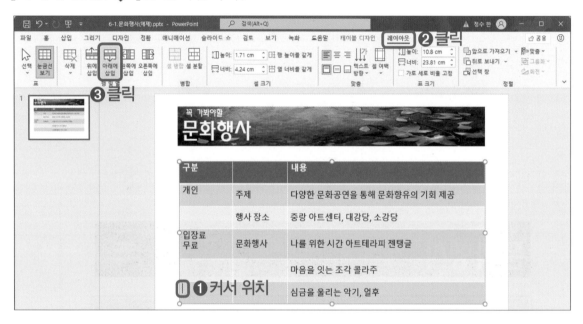

2 삽입된 행을 삭제하기 위해 추가된 7행에 커서를 위치시킨 후 [레이아웃] 탭-[행 및 열] 그룹에서 [삭제 ⊞]-[행 삭제]를 클릭합니다.

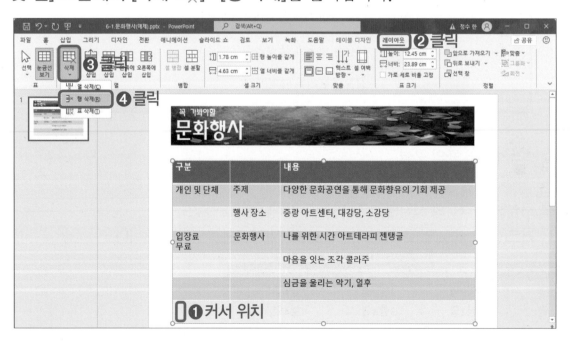

 **TIP** 표 삭제

표를 선택한 후 [레이아웃] 탭-[행 및 열] 그룹에서 [삭제]-[표 삭제]를 클릭하여 표를 삭제하거나, 표를 선택한 후 Delete 키를 눌러 삭제합니다.

셀 병합하기

3 셀을 병합하기 위해 1행1열과 1행2열을 범위 지정한 후 [레이아웃] 탭-[병합] 그룹에 [셀 병합 ⊞]을 클릭합니다.

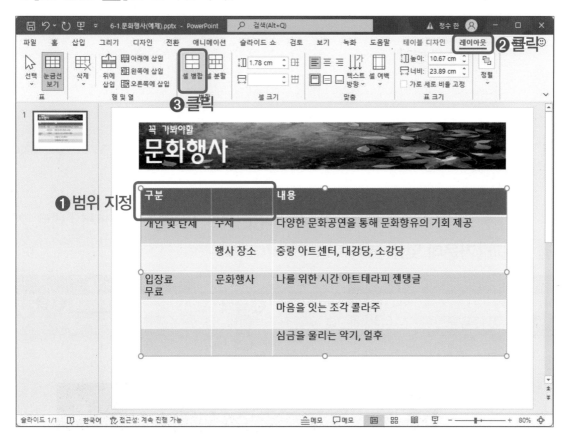

 **TIP** 셀 병합

병합할 셀의 범위를 지정한 후 마우스 오른쪽 버튼을 클릭하고 [셀 병합 ⊞] 메뉴를 클릭하여 병합할 수도 있습니다.

4 같은 방법으로 2행1열과 3행1열, 4행1열~6행1열, 4행2열~6행2열을 각각 병합합니다.

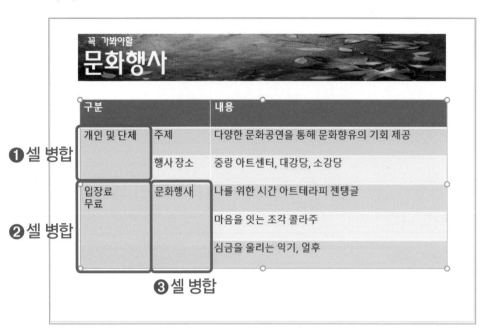

텍스트 정렬하기

5 표를 선택하거나 범위를 지정한 후 [레이아웃] 탭-[맞춤] 그룹에서 [세로 가운데 맞춤 ☰]과 [가운데 맞춤 ☰]을 클릭합니다.

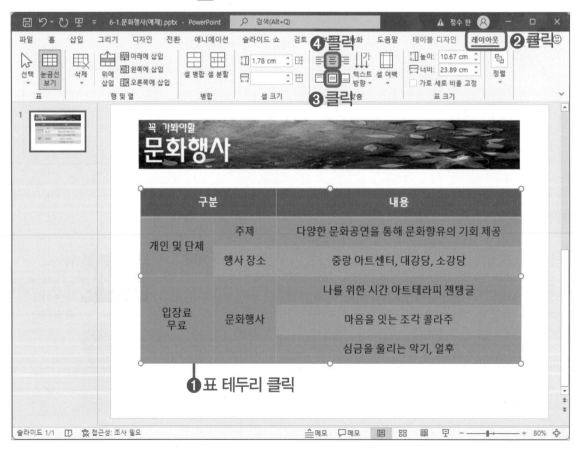

6 다음과 같이 텍스트가 가로, 세로 가운데 맞춤으로 정렬됩니다.

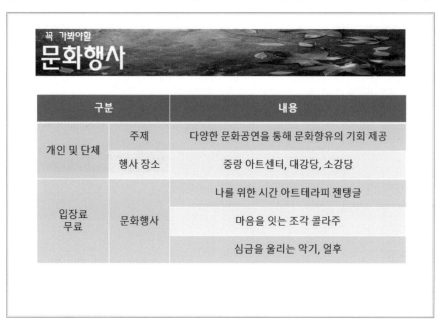

표의 디자인 기능을 이용하여 표를 더욱 시각적으로 표현하고, 표 스타일과 옵션 등을 이용하여 다양하게 지정하는 방법에 대하여 알아보겠습니다.

표 스타일 변경하기

1 표에 스타일을 지정하기 위해 표를 선택한 후 [테이블 디자인] 탭-[표 스타일] 그룹에서 자세히(▾) 단추를 클릭합니다.

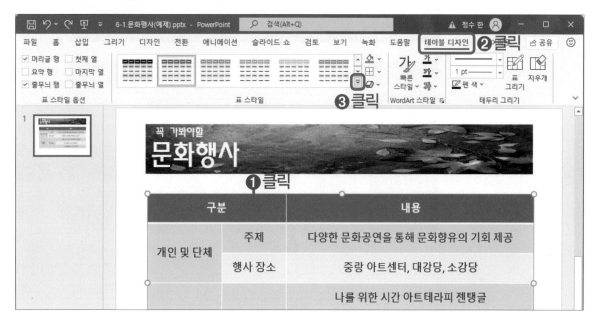

② 표 스타일 목록이 나타나면 [중간]에서 '보통 스타일 2 – 강조 6'을 클릭합니다.

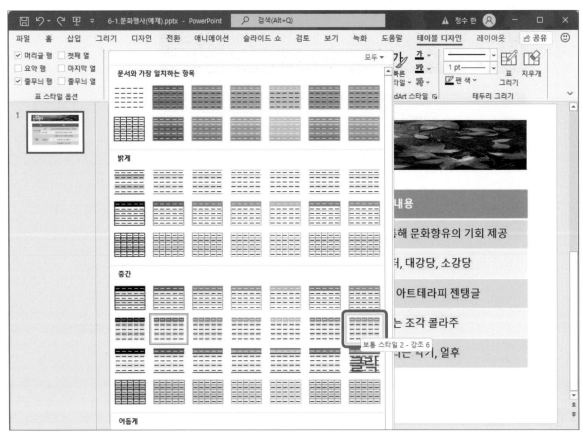

③ 표 스타일의 옵션을 지정하기 위해 표를 선택한 후 [테이블 디자인] 탭–[표 스타일 옵션] 그룹에서 '첫째 열'에 체크합니다.

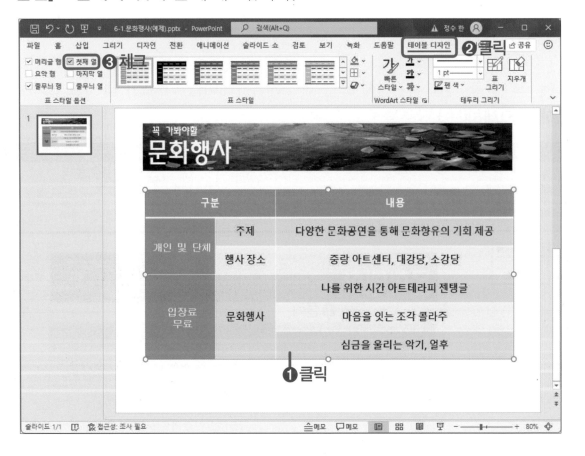

실력쑥쑥 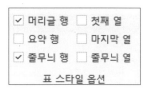 TIP 표 스타일 옵션

☑ 머리글 행   ☐ 첫째 열
☐ 요약 행   ☐ 마지막 열
☑ 줄무늬 행   ☐ 줄무늬 열
표 스타일 옵션

- 머리글 행 : 표의 머리글 행을 설정하거나 해제합니다.
- 요약 행 : 표의 요약 행을 설정하거나 해제합니다.
- 줄무늬 행 : 짝수 행과 홀수 행의 서식이 서로 다른 줄무늬 행으로 표시됩니다.
- 첫째 열 : 표의 첫 번째 열에 특수한 서식을 표시합니다.
- 마지막 열 : 표의 마지막 열에 특수한 서식을 표시합니다.
- 줄무늬 열 : 짝수 열과 홀수 열의 서식이 서로 다른 줄무늬 열로 표시됩니다.

셀 음영 색 변경 및 셀 효과 지정하기

④ 셀에 채우기 색을 지정하기 위해 3행2열과 3행3열을 범위 지정한 후 [테이블 디자인] 탭-[표 스타일] 그룹-[음영 ⬧]에서 '연한 녹색'을 선택합니다.

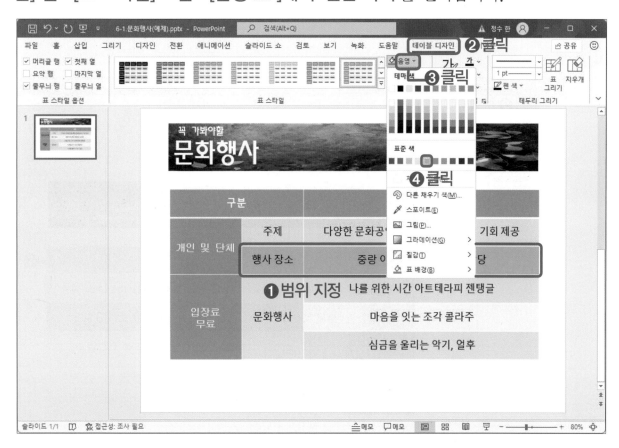

⑤ 3행2열과 3행3열이 범위 지정된 상태에서 [테이블 디자인] 탭-[표 스타일] 그룹
-[효과 ✐]-[셀 입체 효과]-[둥글게]를 선택하여 입체효과를 지정합니다.

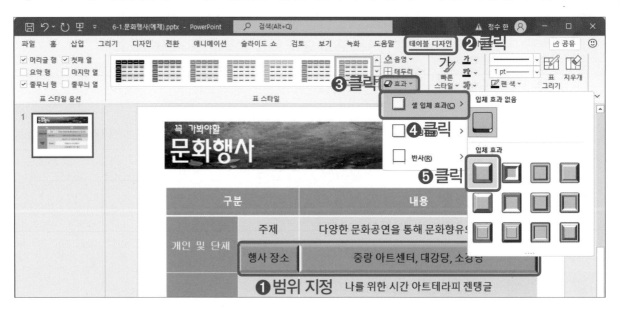

글꼴 변경하기

⑥ 표를 선택한 후 [홈] 탭-[글꼴] 그룹에서 글꼴을 '굴림체'로 지정합니다.

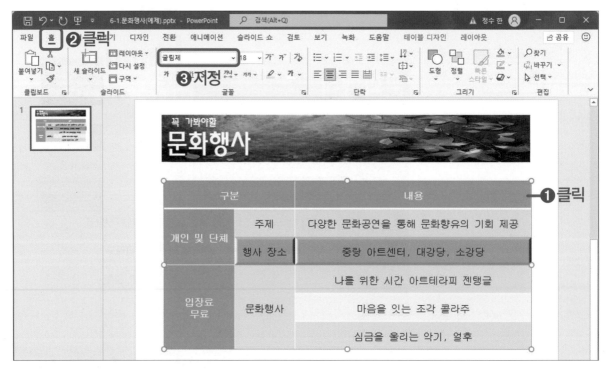

 **TIP**

표에 글꼴 등의 서식을 지정한 후 표 스타일을 지정하면 표 스타일과 관련 있는 글꼴 서식으로
지정되므로 표 스타일을 지정한 후 글꼴 등의 서식을 변경하는 것이 좋습니다.

◎ 예제 파일 : 파워포인트 2021₩6장₩6-2.인기관광명소(예제).pptx
◎ 완성 파일 : 파워포인트 2021₩6장₩6-2.인기관광명소(완성).pptx

1 다음과 같이 4열 5행 표를 삽입하고 표의 크기와 열의 너비를 조절해 보세요.

> Hint! [삽입] 탭–[표] 그룹–[표]–[4×5 표]

2 삽입된 표에 텍스트를 입력해 보세요.

인기 관광 명소

여행지		특징	지역
서울	N서울타워	남산 정상에 있는 서울의 대표 랜드마크	서울역
	북촌한옥마을	한옥 모습을 잘 보존하고 있는 마을	인사동
경기	수원화성	한국을 방문할 때 꼭 봐야할 곳	수원
	한국 민속촌	전통 문화와 생활 풍습 체험	용인

3 다음과 같이 셀을 병합한 후 텍스트를 가로, 세로 가운데 맞춤으로 지정하시오.
- 셀 병합 : 1행1열과 1행2열, 2행1열과 3행1열, 4행1열과 5행1열

Hint!
- [레이아웃] 탭-[병합] 그룹-[셀 병합 ⊞]
- [레이아웃] 탭-[맞춤] 그룹-[가운데 맞춤 ≡], [세로 가운데 맞춤 ⊟]

4 다음과 같이 표 스타일을 변경해 보세요.
- 표 스타일 : 보통 스타일 2 - 강조 6   - 스타일 옵션 : 머리글 행, 줄무늬 행, 첫째 열
- 셀 음영 : 주황   - 셀 입체 효과 : 낮은 수준의 경사
- 글꼴 : 맑은 고딕, 크기(20pt)

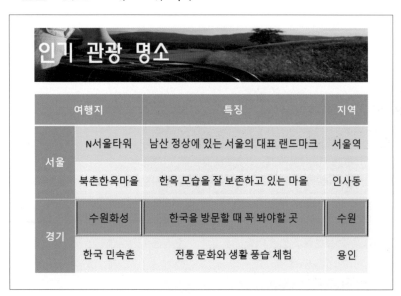

Hint!
- [테이블 디자인] 탭-[표 스타일] 그룹-[보통 스타일 2-강조 6]
- [테이블 디자인] 탭-[표 스타일 옵션] 그룹에서 '머리글 행', '줄무늬 행', '첫째 열'에 체크
- [테이블 디자인] 탭-[표 스타일] 그룹-[음영 ⌄]-[주황]
- [테이블 디자인] 탭-[표 스타일] 그룹-[효과 ⌄]-[입체효과]-[낮은 수준의 경사]
- [홈] 탭-[글꼴] 그룹-[맑은 고딕], [20pt]

07장 차트 슬라이드 작성하기

차트는 수치 데이터를 막대, 선, 도형 등을 이용하여 시각적으로 표현한 것으로 숫자로 구성된 데이터를 비교, 분석, 예측할 수 있습니다. 이번 장에서는 차트를 슬라이드에 삽입하고, 다양한 서식과 편집 기능을 이용하여 원하는 차트를 작성하는 방법에 대하여 알아보겠습니다.

완성파일 미리보기

무료 동영상

◎ 예제 파일 : 파워포인트 2021₩7장₩7-1.지점별매출(예제).pptx
● 완성 파일 : 파워포인트 2021₩7장₩7-1.지점별매출(완성).pptx

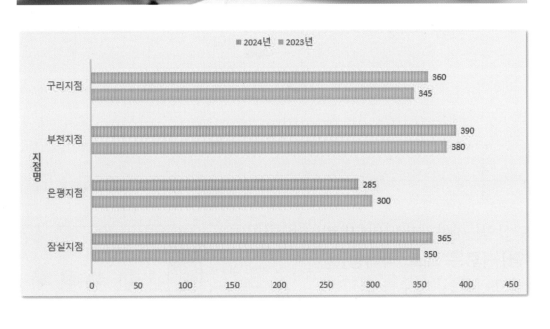

체크포인트

실습1   슬라이드에 차트를 삽입해 봅니다.

실습2   차트를 편집해 봅니다.

실습3   차트의 디자인을 변경해 봅니다.

슬라이드에 차트 작성하기

차트는 수치 데이터에서 특정 항목의 구성 비율을 시각적으로 살펴보고자 할 때 사용하는 기능으로 크게 2차원과 3차원 차트로 분류됩니다. 실습으로 차트를 삽입하는 방법에 대하여 알아봅니다.

슬라이드에 차트 삽입하기

1 내용 텍스트 상자에서 [**차트 삽입** 📊] 아이콘을 클릭합니다.

2 [차트 삽입] 대화상자에서 [**세로 막대형**]-[**묶은 세로 막대형**]을 선택하고, [확인] 단추를 클릭합니다.

③ [Microsoft PowerPoint의 차트] 창이 나타나면 다음과 같이 내용을 입력합니다.

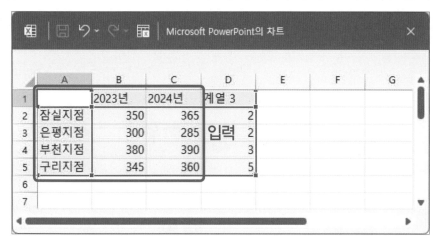

④ 불필요한 '계열 3'을 차트에 포함하지 않기 위해 다음과 같이 차트 데이터 색 범위의 오른쪽 아래 모서리를 왼쪽으로 드래그하여 색 범위를 조절한 후 [닫기 ✕]를 클릭합니다.

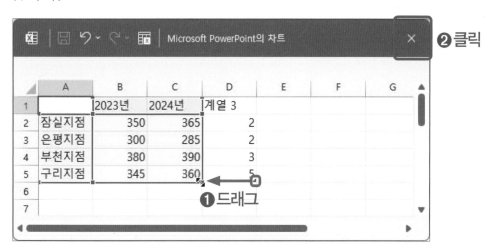

 **TIP** 계열 삭제

불필요한 범위를 삭제하기 위해서 [D] 열을 선택하고 마우스 오른쪽 버튼을 클릭한 후 [삭제] 메뉴를 클릭해도 됩니다.

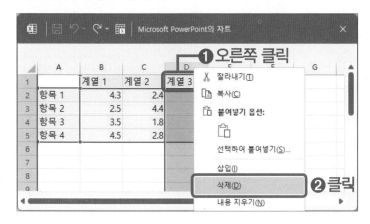

5 다음과 같이 슬라이드에 묶은 세로 막대형 차트가 생성됩니다.

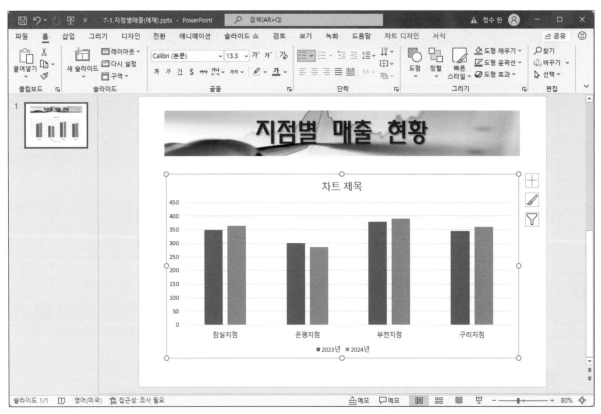

실력쑥쑥 🌱 TIP **차트의 구성 요소**

차트의 구성 요소들의 명칭을 알아야 차트를 편집하기 쉽습니다.

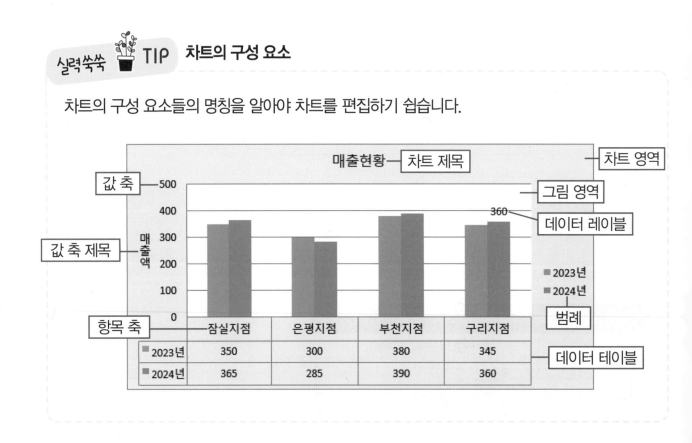

차트를 편집할 경우에는 레이블, 축, 배경, 분석 등의 여러 가지 그룹 기능을 이용하여 원하는 형태의 차트를 자유자재로 만들 수 있습니다. 차트의 서식 기능을 이용하여 차트를 편집하는 방법에 대하여 알아봅니다.

1 차트를 선택한 후 [차트 디자인] 탭-[종류] 그룹에서 [차트 종류 변경 📊]을 클릭합니다.

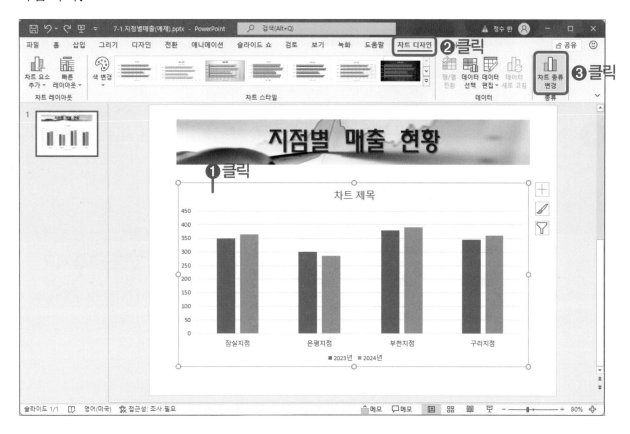

2 [차트 종류 변경] 대화상자에서 [가로 막대형]-[묶은 가로 막대형]을 선택한 후 [확인] 단추를 클릭합니다.

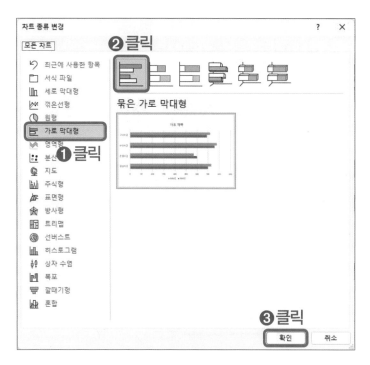

차트 요소 변경하기

③ 차트 제목을 지우기 위해 차트를 선택한 후 [**차트 요소** ⊞]−[**차트 제목**]에 체크를 해제합니다.

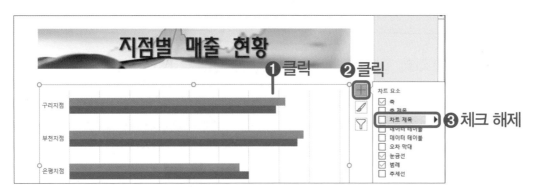

④ 축 제목을 추가하기 위해 [**차트 요소** ⊞]−[**축 제목▶**]−[**기본 세로**]에 체크합니다.

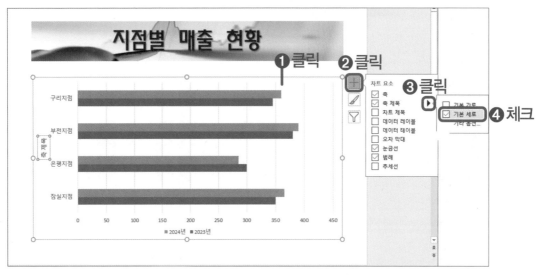

⑤ 추가된 축 제목에 『**지점명**』을 입력한 후 마우스 오른쪽 버튼을 클릭하고 [**축 제목 서식**] 메뉴를 클릭합니다.

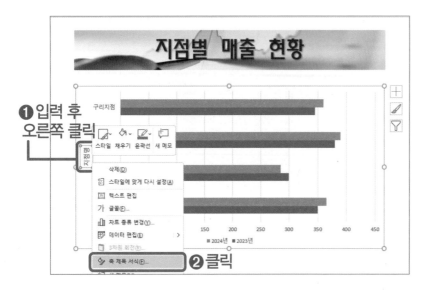

6 [축 제목 서식] 작업 창의 [제목 옵션]–[크기 및 속성 ▣]–[텍스트 방향]에서 '세로'를 선택한 후 [닫기 ✕]를 클릭합니다.

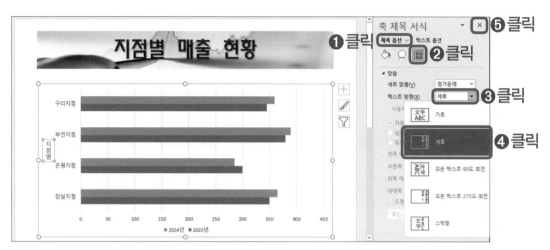

7 데이터 레이블을 추가하기 위해 차트를 선택한 후 [차트 요소 ⊞]–[데이터 레이블]에 체크합니다.

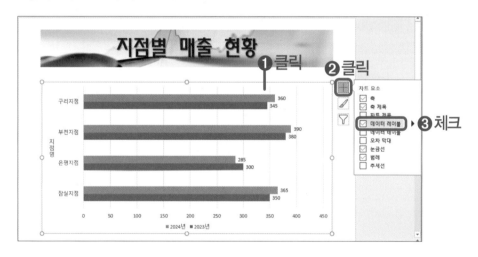

8 범례의 위치를 위쪽으로 지정하기 위해 차트를 선택한 후 [차트 요소 ⊞]–[범례 ▶]–[위쪽]을 클릭합니다.

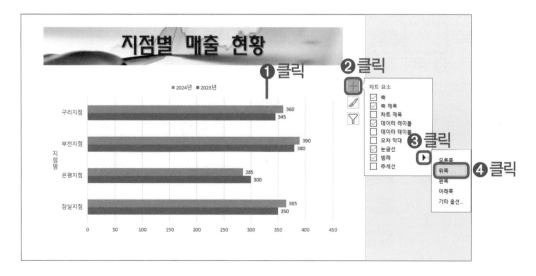

실습3 차트 디자인하기

차트의 디자인은 레이아웃, 차트 스타일을 이용하여 작성된 차트를 더욱 시각적으로 표현할 수 있습니다. 실습으로 차트를 디자인하는 방법에 대하여 알아봅니다.

차트 색 변경하기

1 차트를 선택한 후 [차트 디자인] 탭–[차트 스타일] 그룹–[색 변경 🎨]에서 '다양한 색상표 4'를 선택합니다.

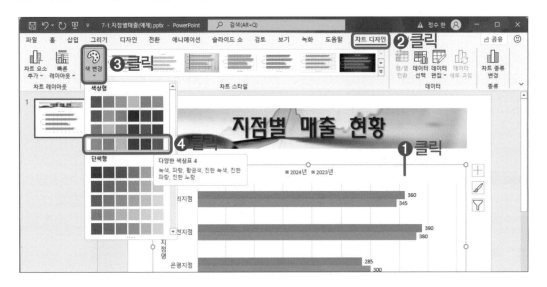

차트 스타일 변경하기

2 차트를 선택한 후 [차트 디자인] 탭–[차트 스타일] 그룹에서 '스타일 2'를 선택하여 스타일을 지정합니다.

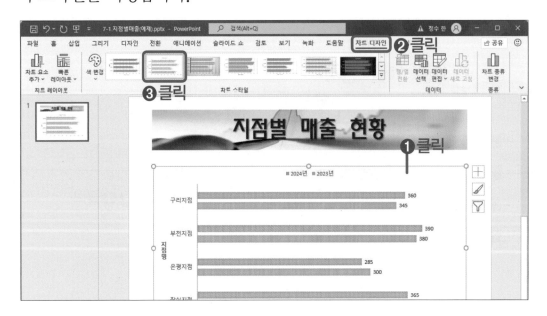

차트 서식 변경하기

3 차트가 선택된 상태에서 [서식] 탭-[도형 스타일] 그룹-[도형 채우기 🖌]에서 '파랑, 강조 5, 80% 더 밝게' 색을 클릭합니다.

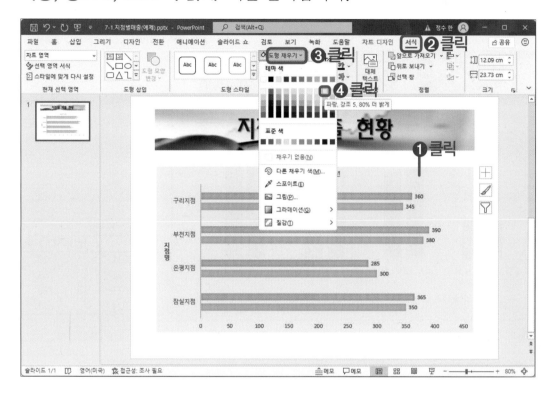

4 [서식] 탭-[도형 스타일] 그룹-[도형 효과 🖌]에서 '오프셋: 오른쪽 아래'를 클릭하여 차트에 그림자를 지정합니다.

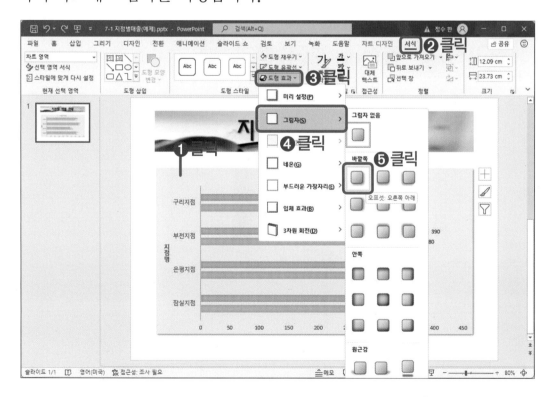

◎ 예제 파일 : 파워포인트 2021₩7장₩7-2.전기차충전현황(예제).pptx
◉ 완성 파일 : 파워포인트 2021₩7장₩7-2.전기차충전현황(완성).pptx

1 다음과 같이 묶은 세로 막대형 차트를 삽입해 보세요.

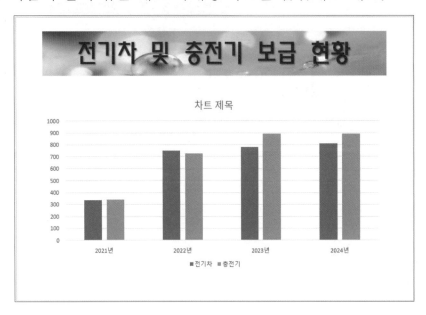

	A	B	C
1		전기차	충전기
2	2021년	338	340
3	2022년	753	725
4	2023년	780	892
5	2024년	811	890

> **Hint!**
> • 내용 텍스트 상자에서 [차트 삽입 📊] 아이콘을 클릭
> • [차트 삽입] 대화상자에서 '묶은 세로 막대형' 차트를 선택한 후 차트 내용 입력

2 차트의 종류를 '누적 세로 막대형' 차트로 변경해 보세요.

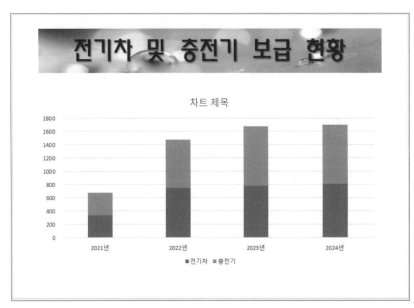

> **Hint!**
> • 차트를 선택하고 [차트 디자인] 탭-[종류] 그룹에서 [차트 종류 변경 📊]을 클릭
> • [차트 종류 변경] 대화상자에서 [세로 막대형]-[누적 세로 막대형] 클릭

3 다음과 같이 차트 요소를 변경해 보세요.
 – 차트 제목 삭제, 축 제목(단위:대) 입력, 데이터 레이블 표시

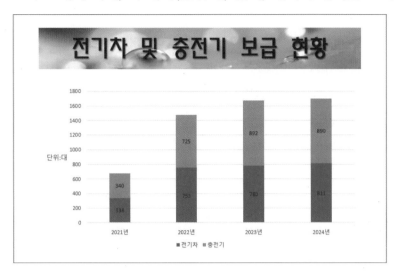

Hint!
- [차트 요소 田]-[차트 제목] 체크 해제
- [차트 요소 田]-[축 제목▶]-[기본 세로] 체크, 축 제목 입력
- [축 제목 서식] 작업 창에서 [제목 옵션]-[크기 및 속성 圖]-[텍스트 방향]에서 '가로'를 선택
- [차트 요소 田]-[데이터 레이블] 체크

4 다음과 같이 차트 디자인을 편집해 보세요.
 – 색 변경(다양한 색상표 4), 차트 스타일(스타일 5),
 – 차트 영역 색(녹색, 강조 6, 80% 더 밝게), 차트 영역 효과(그림자 오른쪽 아래), 차트 범례(위쪽)

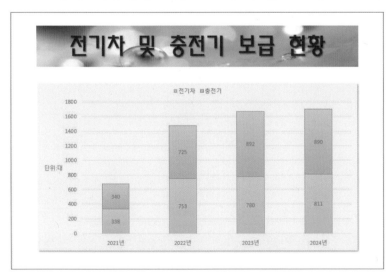

Hint!
- [차트 디자인] 탭-[차트 스타일] 그룹-[색 변경 🎨]에서 '다양한 색상표 4'를 선택
- [차트 디자인] 탭-[차트 스타일] 그룹에서 '차트 스타일 5'를 선택
- [서식] 탭-[도형 스타일] 그룹-[도형 채우기 🖌]에서 '녹색, 강조 6, 80% 더 밝게' 색을 클릭
- [서식] 탭-[도형 스타일] 그룹-[도형 효과 🖋]에서 '오프셋: 오른쪽 아래'
- [차트 요소 田]-[범례▶]-[위쪽]

08장 비디오와 오디오 슬라이드 작성하기

슬라이드에서 시각적인 요소도 중요하지만, 여기에 청각적인 요소까지 적용한다면 프레젠테이션의 효과를 더욱 높일 수 있습니다. 이번 장에서는 비디오와 오디오 등을 활용하여 더 효율적이고, 생생한 프레젠테이션을 만들어 보도록 하겠습니다.

완성파일 미리 보기

◎ 예제 파일 : 파워포인트 2021₩8장₩8-1.제주도여행(예제).ppt
● 완성 파일 : 파워포인트 2021₩8장₩8-1.제주도여행(완성).ppt

 제주도에서 어디를 가볼까?

- 한라산
- 성산일출봉
- 섭지코지
- 만장굴
- 우도

체크포인트

실습1 슬라이드에 비디오 파일을 삽입하고 편집해 봅니다.

실습2 슬라이드에 오디오 파일을 삽입하고 편집해 봅니다.

슬라이드에 비디오 삽입하기

슬라이드에 비디오를 삽입하면 내용을 더욱 효과적으로 설명할 수 있습니다. 동영상 파일을 삽입하고 편집해 봅니다.

비디오 파일 삽입하기

1 [삽입] 탭-[미디어] 그룹에서 [비디오 ▣]-[이 디바이스 🖵]를 클릭합니다.

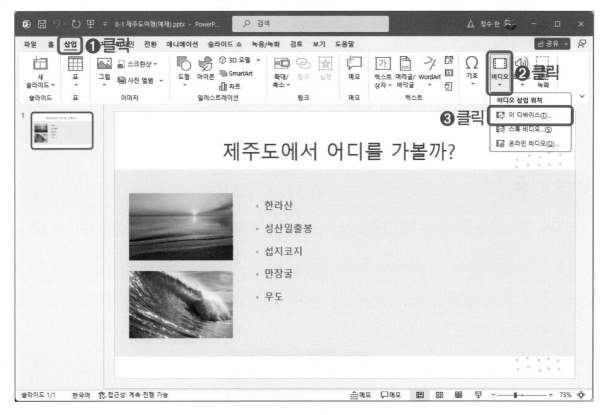

2 [비디오 삽입] 대화상자에서 찾는 위치(파워포인트 2021₩8장)를 지정한 후 '여행.mp4' 파일을 선택하고 [삽입] 단추를 클릭합니다.

③ 동영상이 삽입되면 동영상을 재생하기 위해 [재생 ▶] 단추를 클릭합니다.

 TIP

[비디오 형식] 탭-[미리 보기] 그룹에서 [재생 ▷]을 클릭하여 동영상을 재생할 수도 있습니다.

④ 다음과 같이 동영상이 재생됩니다.

비디오 편집하기

5 삽입된 비디오 개체를 선택한 후 [비디오 형식] 탭-[비디오 스타일] 그룹에서 자세히(⌄)를 클릭하고 '모서리가 둥근 금속 직사각형'을 클릭합니다.

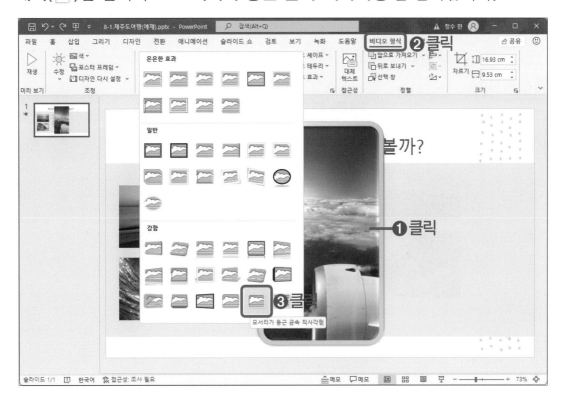

6 비디오를 드래그하여 오른쪽으로 위치를 이동한 후 크기 변경 조절점(○)을 드래그하여 크기를 조절합니다.

7 '변형 조절점 ◉'을 오른쪽으로 드래그하여 도형의 모서리를 좀 더 둥글게 변형합니다.

8 삽입된 비디오를 선택한 후 [비디오 형식] 탭-[조정] 그룹에서 [포스터 프레임 🖼]-[파일의 이미지 🖾]를 클릭합니다.

⑨ [그림 삽입] 창이 나타나면 [온라인 그림]을 클릭합니다.

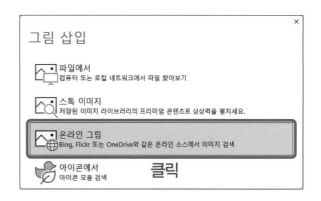

⑩ [온라인 그림] 대화상자에서 검색 창에 『**제주도**』를 입력한 후 Enter 키를 누르고, 그림을 선택한 후 [삽입] 단추를 클릭합니다.

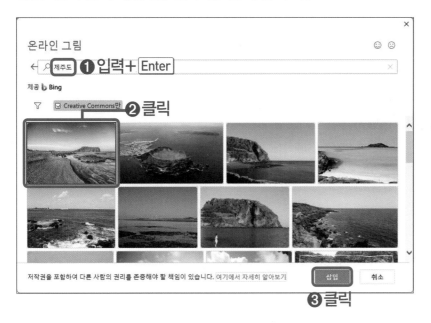

⑪ 비디오의 첫 화면이 포스터 프레임으로 지정한 그림으로 변경됩니다.

 **TIP** **포스터 프레임**

포스터 프레임이란 비디오의 첫 화면(또는 표지)을 말합니다. 포스터 틀에서 설정한 시간대의 화면이 비디오의 첫 화면으로 표시됩니다.

비디오 재생 설정하기

⓬ 비디오를 선택한 후 [재생] 탭-[비디오 옵션] 그룹의 '시작'을 '자동 실행'으로 선택합니다. 자동 실행을 설정하면 슬라이드 쇼를 진행할 때 비디오가 자동으로 실행됩니다.

⓭ [재생] 탭-[비디오 옵션] 그룹에서 '반복 재생'에 체크합니다. 반복 재생에 체크하면 슬라이드 쇼에서 비디오가 끝나면 자동으로 다시 재생됩니다.

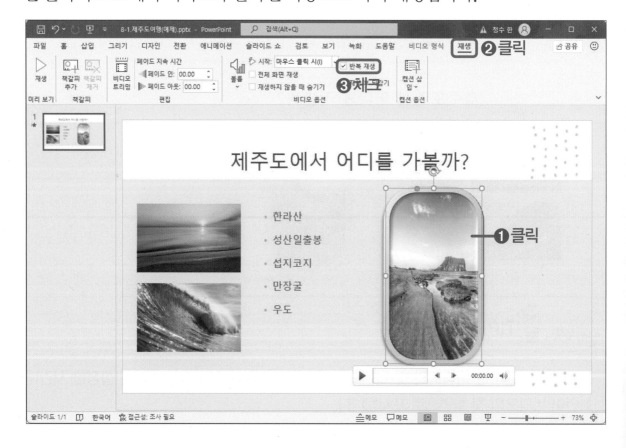

슬라이드에 오디오 삽입하기

슬라이드에 소리를 삽입하면 청각적인 효과를 줄 수 있습니다. 음악 파일을 삽입하고 편집해 봅니다.

오디오 삽입 및 재생 설정

1 [삽입] 탭-[미디어] 그룹에서 [오디오 ◁))]-[내 PC의 오디오]를 클릭합니다.

2 [오디오 삽입] 대화상자에서 찾는 위치(파워포인트 2021₩8장)를 지정한 후 '배경음악1.mp3' 파일을 선택하고 [삽입] 단추를 클릭합니다.

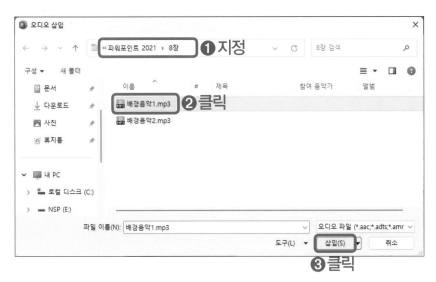

❸ 오디오 파일이 삽입되면 왼쪽 상단으로 드래그하여 위치를 이동한 후 [재생 ▶]을 클릭하여 소리를 확인합니다.

❹ [재생] 탭-[오디오 옵션] 그룹에서 [볼륨 ◁]-[중간]을 클릭하여 소리를 중간으로 설정합니다.

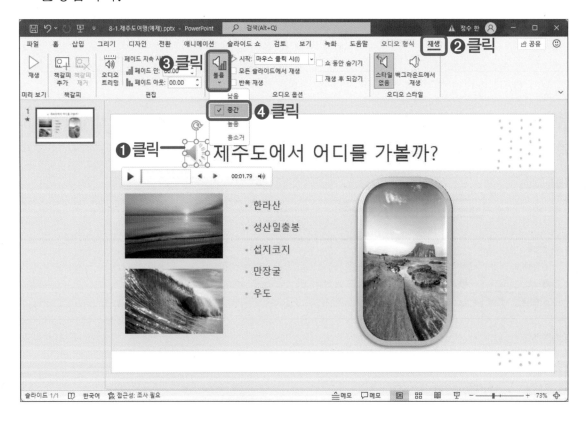

⑤ [재생] 탭-[오디오 옵션] 그룹에서 '시작:'을 '자동 실행'으로 선택한 후 '반복 재생'
에 체크합니다.

⑥ [재생] 탭-[편집] 그룹에서 '페이드 인'을 5초, '페이드 아웃'을 5초로 각각 지정
합니다.

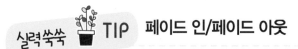 **TIP** 페이드 인/페이드 아웃

페이드 인은 오디오 시작 시 처음에는 소리가 작지만 점점 커지게 되고, 페이드 아웃은 오디오
가 종료되기 전에 점점 작아지면서 종료되는 효과를 말합니다.

7 [재생] 탭−[편집] 그룹에서 [오디오 트리밍 ]을 클릭한 후 [오디오 트리밍] 대화 상자에서 소리 파일의 '**시작 시간**'을 10초, '**종료 시간**'을 50초로 각각 지정하여 **총 재생 시간**을 40초로 맞춥니다.

실력쑥쑥 🌱 **TIP** **오디오 재생 시간 조정하기**

[오디오 트리밍] 대화상자에서 '시작 시간'과 '끝 시간'을 조정하면 조정한 시간의 소리만 재생 합니다.

8 오디오 아이콘의 [재생 ▶]을 클릭하여 지정되었는지 소리를 확인합니다.

오디오 아이콘 변경하기

9 오디오 아이콘을 선택한 후 [오디오 형식] 탭-[조정] 그룹에서 [그림 바꾸기]
-[스톡 이미지에서]를 클릭합니다.

10 [스톡 이미지] 대화상자에서 검색 창에 『**비행기**』를 입력한 후 Enter 키를 누르고, 비행기 아이콘을 선택한 후 [삽입] 단추를 클릭합니다.

11 다음과 같이 스피커 모양의 그림이 비행기 모양의 아이콘으로 변경되며, 슬라이드 쇼를 진행할 때 비행기 아이콘을 클릭하면 음악이 재생됩니다.

◎ 예제 파일 : 파워포인트 2021₩8장₩8-2.다이버안전수칙(예제).pptx

◉ 완성 파일 : 파워포인트 2021₩8장₩8-2.다이버안전수칙(완성).pptx

1 다음과 같이 동영상(바다.mp4) 파일을 삽입한 후 재생해 보세요.

　　– 동영상 위치 : 파워포인트 2021₩8장₩바다.mp4

> *Hint!*　• [삽입] 탭–[미디어] 그룹에서 [비디오 🎞]–[이 디바이스 🖳]를 클릭
>
> 　　　　• 동영상을 재생하기 위해 [비디오 형식] 탭–[미리 보기] 그룹–[재생 ▷] 단추를 클릭

2 다음과 같이 삽입된 동영상을 편집해 보세요.

　　– 비디오 스타일 : '은은한 효과'에 '바깥쪽 그림자 사각형 🖼'

　　– 포스터 프레임 : [포스터 프레임]–[파일의 이미지]–[스톡 이미지]–[온라인 그림]에서 '바다' 그림 삽입

　　– 비디오 테두리 : 두께(6pt)

　　– 비디오 재생 : 자동 실행, 반복 재생

> *Hint!*　• [비디오 형식] 탭–[비디오 스타일] 그룹–[은은한 효과]–[바깥쪽 그림자 사각형 🖼]을 클릭
>
> 　　　　• [비디오 형식] 탭–[조정] 그룹에서 [포스터 프레임 🖼]–[파일의 이미지 🖼]–[온라인 그림 🖼]–'바다' 검색
>
> 　　　　• [비디오 형식] 탭–[비디오 스타일] 그룹–[비디오 테두리]–[두께]를 '6pt' 선택
>
> 　　　　• [재생] 탭–[비디오 옵션] 그룹의 '시작'을 '자동 실행'으로 선택, '반복 재생' 체크

3 다음과 같이 오디오 파일을 삽입한 후 재생해 보세요.

– 오디오 위치 : 파워포인트 2021₩8장₩배경음악2.mp3

> *Hint!* • [삽입] 탭–[미디어] 그룹에서 [오디오 ◁))]–[내 PC의 오디오]
> • 음악을 재생하기 위해 [재생] 탭–[미리 보기] 그룹–[재생 ▷] 단추를 클릭

4 다음과 같이 오디오를 편집해 보세요.

– 볼륨 ◁॥ : 소리를 중간으로 설정

– 오디오 재생 : 자동 실행, 반복 재생

– 페이드 인, 페이드 아웃 : 페이드인 (5초), 페이드 아웃(5초)

– 오디오 스트리밍 : 시작 시간(10초), 종료 시간(20초)

– 오디오 아이콘 그림 바꾸기 : [그림 바꾸기]–[스톡 이미지]–아이콘(음악)

> *Hint!* • [재생] 탭–[오디오 옵션] 그룹–[볼륨 ◁॥]에 [중간]을 클릭
> • [재생] 탭–[오디오 옵션] 그룹에서 '시작'을 '자동 실행' 선택, '반복 재생' 체크
> • [재생] 탭–[편집] 그룹–'페이드 인' 5초, '페이드 아웃' 5초
> • [재생] 탭–[편집] 그룹–[오디오 트리밍 🔊]–[오디오 트리밍] 대화상자에서 '시작 시간'을 10초, '종료 시간'을 20초
> • [오디오 형식] 탭–[조정] 그룹에서 [그림 바꾸기 🖼]–[스톡 이미지에서 🔍]–[아이콘]–'음악' 검색

애니메이션 효과 활용하기

파워포인트 문서에 애니메이션 효과를 지정하면 발표할 때 청중들의 시선을 사로잡을 수 있습니다. 이번 장에서는 슬라이드의 화면 전환 효과와 텍스트 상자 및 차트에 애니메이션 효과를 지정하는 방법에 대해 살펴보겠습니다.

완성파일 미·리·보·기

무료 동영상

◎ 예제 파일 : 파워포인트 2021₩9장₩9-1.로봇산업(예제).pptx
◉ 완성 파일 : 파워포인트 2021₩9장₩9-1.로봇산업(완성).pptx

체·크·포·인·트

실습1 슬라이드에 화면 전환 효과를 지정하고 편집해 봅니다.

실습2 개체에 애니메이션 효과를 지정하고 편집해 봅니다.

실습3 잉크 리플레이 기능을 사용해 봅니다.

실습 1 ## 슬라이드에 화면 전환 효과 지정하기

화면 전환 효과를 지정하면 현재 슬라이드에서 다음 슬라이드로 넘어갈 때 다양한 효과를 지정할 수 있습니다. 여기에 서는 화면 전환 효과의 지정과 변경 방법에 대해 살펴보겠습니다.

화면 전환 효과 지정하기

1 [전환] 탭-[슬라이드 화면 전환] 그룹에서 [자세히 ⬇]를 클릭합니다.

2 화면 전환 효과 목록이 나타나면 [화려한 효과]-[상자 ▣]를 클릭합니다.

③ 전환 효과를 변경하기 위해 [전환] 탭–[슬라이드 화면 전환] 그룹에서 [효과 옵션 ]–[왼쪽에서]를 클릭합니다. 슬라이드에 화면 전환 효과가 적용되면 슬라이드 보기 창의 1번 슬라이드에 별표(★)가 표시됩니다.

④ 지정된 화면 전환 효과를 다시 보려면 [전환] 탭–[미리 보기] 그룹에서 [미리 보기]를 클릭합니다.

5 전환 효과가 1번 슬라이드에만 적용되어 있는데, 모든 슬라이드에 적용하기 위해 [전환] 탭-[타이밍] 그룹에서 [모두 적용 🖰]을 클릭합니다.

6 슬라이드 전환 시 소리를 삽입하기 위해 [전환] 탭-[타이밍] 그룹에서 [소리 ◀»]- [요술봉]을 클릭합니다.

7 [전환] 탭-[타이밍] 그룹에서 '기간 : 02.00'으로 설정한 후 [미리 보기] 그룹에서 [미리 보기]를 클릭합니다.

8 모든 슬라이드에 적용하기 위해 [전환] 탭-[타이밍] 그룹에서 [모두 적용]을 클릭합니다.

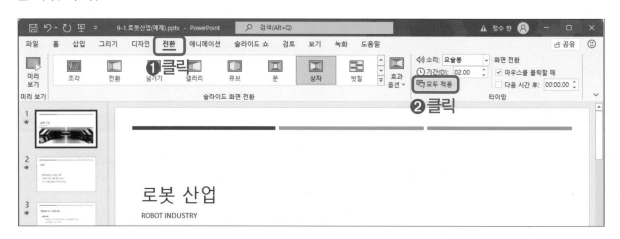

실력쑥쑥 TIP **타이밍 그룹**

• 소리 : 이전 슬라이드와 현재 슬라이드 사이를 전환하는 동안 재생할 소리를 지정합니다.

• 기간 : 이전 슬라이드와 현재 슬라이드 사이를 전환하는 동안 전환 시간을 지정합니다.

• 모두 적용 : 현재 슬라이드에 설정한 전환을 프레젠테이션의 모든 슬라이드에 적용합니다.

• 마우스를 클릭할 때 : 마우스를 클릭하여 다음 슬라이드로 이동할 때까지 대기합니다.

• 다음 시간 후 : 몇 초 후에 다음 슬라이드로 이동합니다.

실습2 개체에 애니메이션 효과 지정하기

각각의 개체가 나타나거나 강조, 사라지는 등의 애니메이션 효과를 지정할 수 있습니다. 여기에서는 텍스트 상자와 차트에 애니메이션 효과를 지정해 봅니다.

텍스트 상자에 애니메이션 효과 지정하기

① 3번 슬라이드에서 제목 텍스트 상자를 선택한 후 [애니메이션] 탭-[애니메이션] 그룹에서 [자세히 ▾]를 클릭합니다.

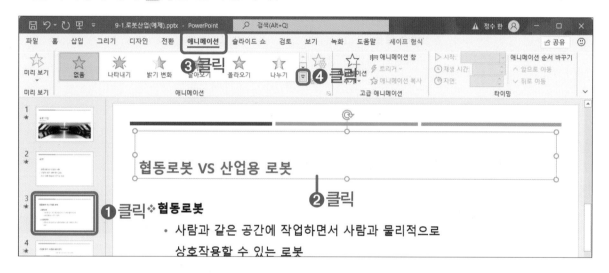

② 애니메이션 목록이 나타나면 [나타내기]-[실선 무늬]를 클릭합니다.

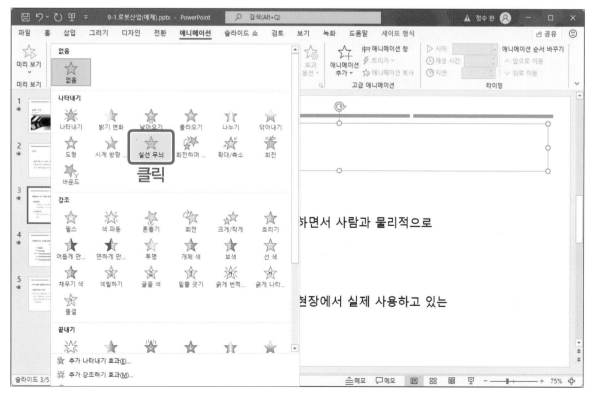

③ [애니메이션] 탭-[애니메이션] 그룹에서 [효과 옵션]-[세로]를 클릭합니다.

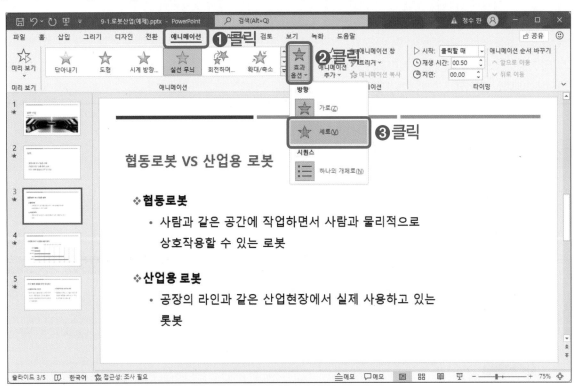

④ [애니메이션] 탭-[미리 보기] 그룹에서 [미리 보기 ☆]를 클릭합니다.

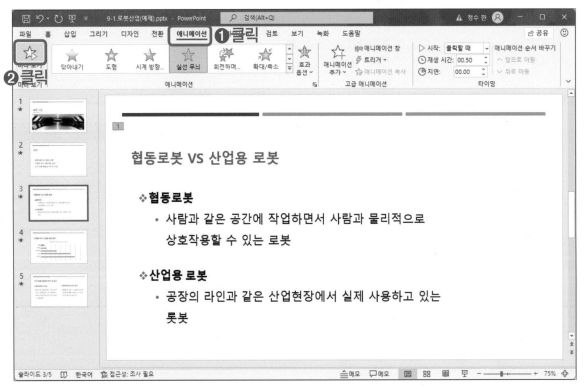

 **TIP** 애니메이션 효과 표시

개체에 애니메이션 효과가 적용되면 해당 개체에 1, 2, 3으로 애니메이션 순서가 표시됩니다.

애니메이션 효과 변경하기

5 첫 번째 내용 텍스트 상자를 클릭한 후 Shift 키를 누른 상태에서 두 번째 내용 텍스트 상자를 선택하고, [애니메이션] 탭−[애니메이션] 그룹에서 [자세히 ⌄]를 클릭합니다.

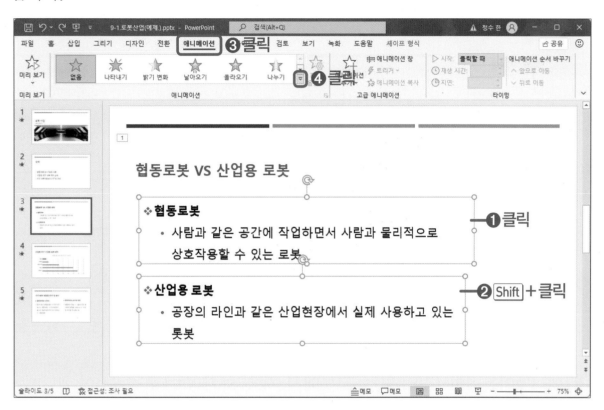

6 애니메이션 목록이 나타나면 [나타내기]−[바운드]를 클릭합니다.

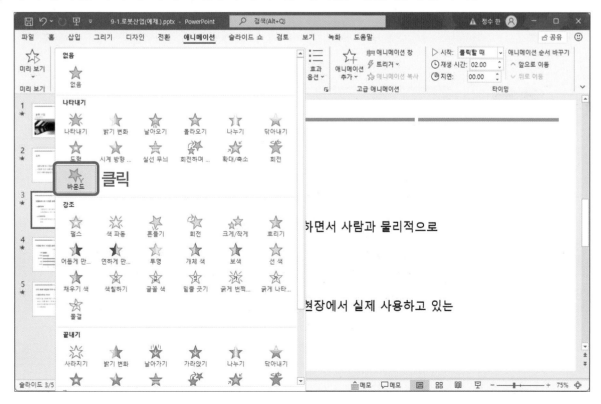

7 두 번째 내용 텍스트 상자를 선택한 후 [애니메이션] 탭−[타이밍] 그룹에서 '시작 : 이전 효과 다음에'를 클릭합니다.

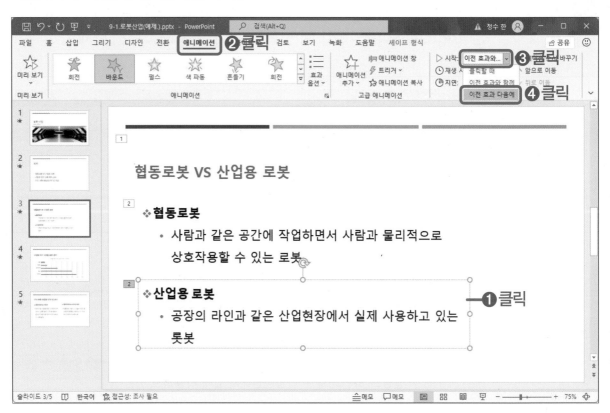

8 [애니메이션] 탭−[미리 보기] 그룹에서 [미리 보기 ☆]를 클릭하여 애니메이션의 순서를 확인합니다.

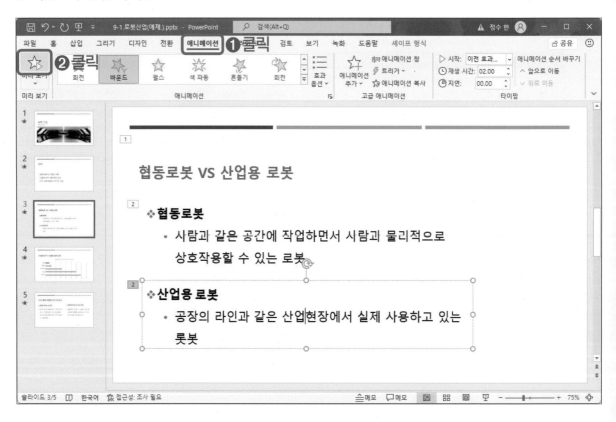

차트에 애니메이션 효과 지정하기

⑨ 3번 슬라이드의 제목 텍스트 상자를 선택한 후 [애니메이션] 탭−[고급 애니메이션] 그룹에서 [애니메이션 복사 ☆]를 클릭합니다.

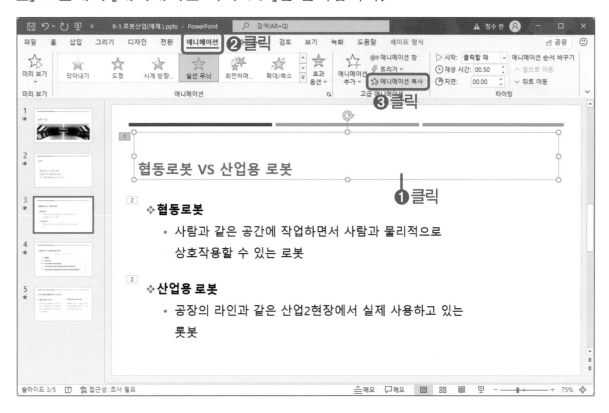

⑩ 4번 슬라이드의 제목 텍스트 상자를 클릭하면 3번 슬라이드의 제목 애니메이션이 복사됩니다.

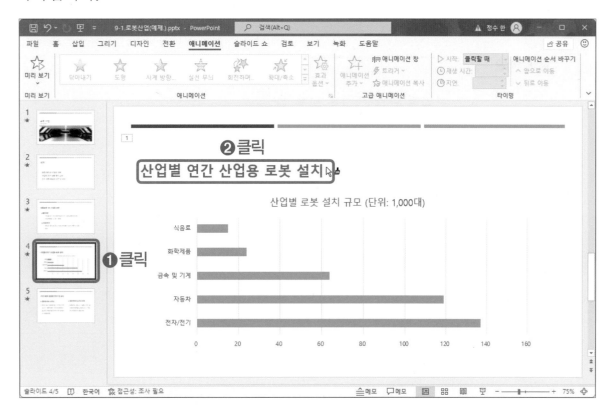

⑪ 차트를 선택한 후 [애니메이션] 탭-[애니메이션] 그룹에서 [올라오기]를 클릭합니다.

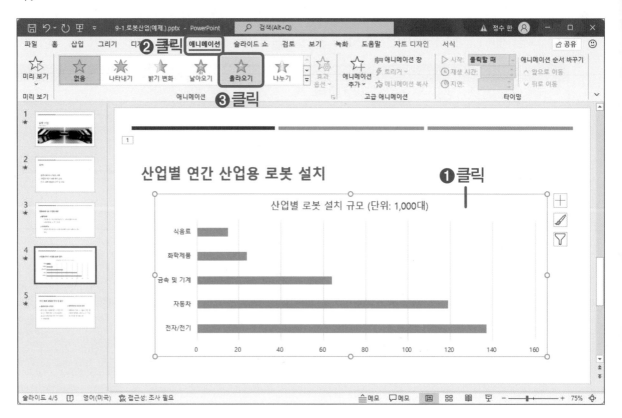

⑫ [애니메이션] 탭-[애니메이션] 그룹에서 [효과 옵션]-[항목별로]를 클릭합니다.

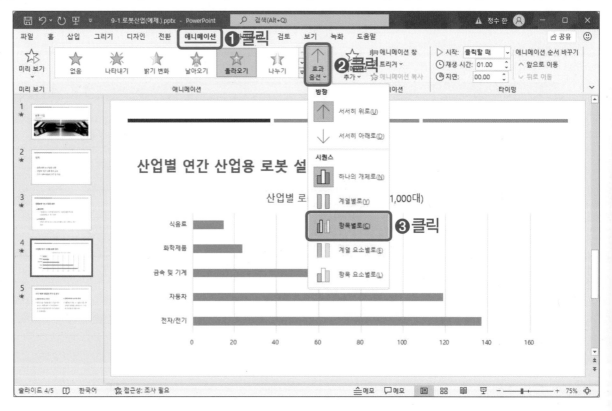

⓭ [애니메이션] 탭-[타이밍] 그룹에서 '시작 : 이전 효과 다음에'를 클릭합니다.

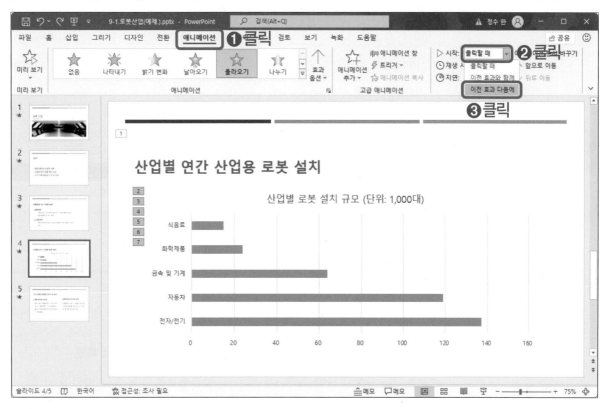

⓮ 차트 항목들의 순서가 1번으로 변경됩니다. [애니메이션] 탭-[미리 보기] 그룹에서 [미리 보기 ☆]를 클릭하여 애니메이션을 확인합니다.

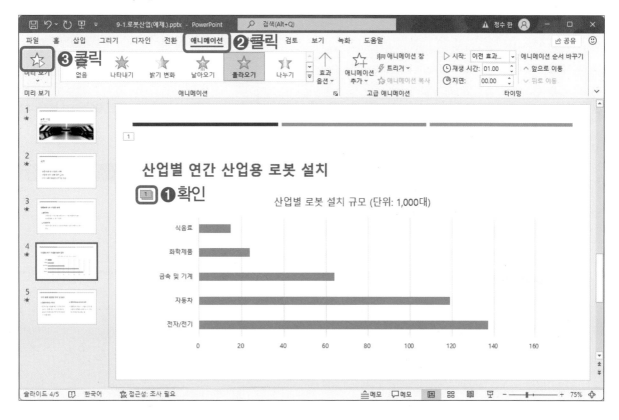

잉크 리플레이 기능은 작업한 도형이나 선 또는 글씨에 애니메이션 효과를 주어 표현할 수 있습니다. 잉크 리플레이 기능을 사용하는 방법에 대하여 알아봅니다.

1 5번 슬라이드로 이동한 후 [그리기] 탭−[스텐실] 그룹에서 [눈금자 ✐]를 클릭합니다.

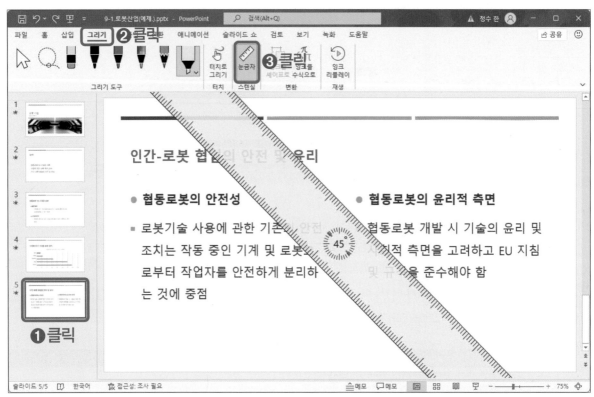

2 눈금자 가운데에서 마우스 휠을 올려서 각도를 0도로 지정한 후 제목 상자 밑으로 이동합니다.

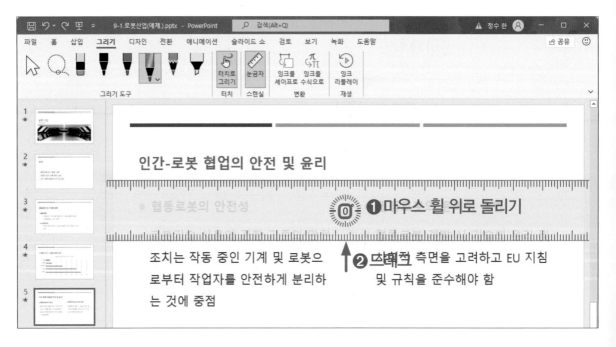

③ [그리기] 탭-[그리기 도구] 그룹에서 [펜: 무지개 ▼]를 클릭한 후 '두께' '3.5mm'를 선택합니다.

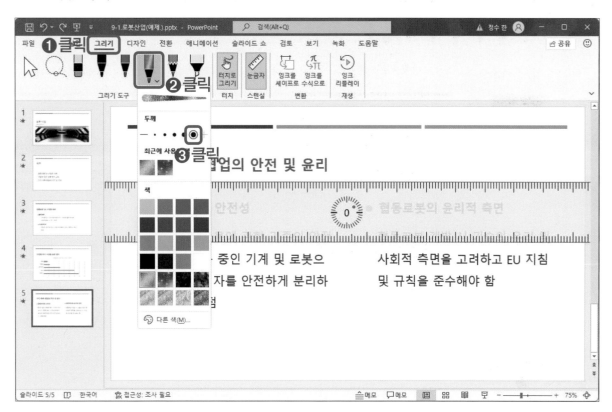

④ 제목 텍스트 상자 밑을 드래그하여 선을 지정합니다.

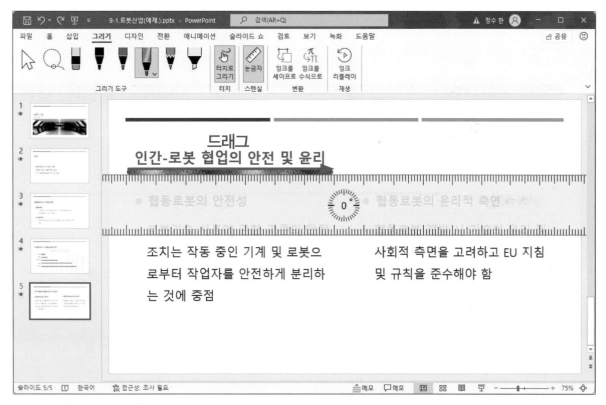

⑤ 눈금자를 아래쪽으로 이동한 후 [형광펜: 노랑]을 선택합니다.

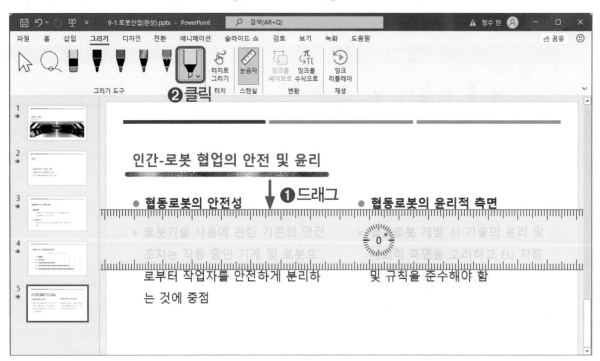

 TIP

형광펜의 두께는 이전 작업에서 설정한 6mm가 적용되며, 형광펜의 두께를 변경하려면 [그리기] 탭-[그리기 도구] 그룹-[형광펜]에서 두께를 지정합니다.

⑥ 그림과 같이 텍스트를 드래그하여 형광색 선을 삽입합니다.

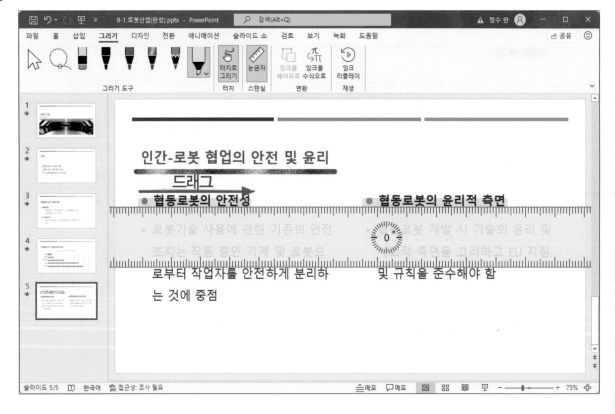

⑦ [그리기] 탭-[스텐실] 그룹에서 [눈금자]를 클릭하여 눈금자를 숨기고, [그리기] 탭-[재생] 그룹에서 [잉크 리플레이 ⏵]를 클릭하여 재생되는지 확인합니다.

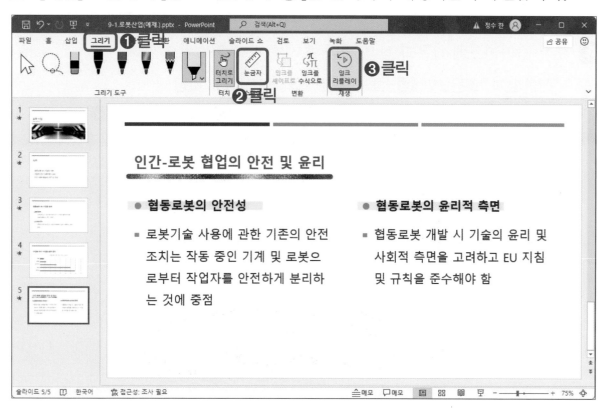

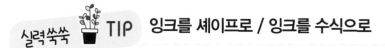

실력쑥쑥 🌱 **TIP** **잉크를 셰이프로 / 잉크를 수식으로**

• 강조하고 싶은 부분에 펜으로 직접 그리거나 글자를 써서 애니메이션을 사용할 수 있는 기능입니다.

• [잉크를 셰이프로 📩]를 클릭한 후 도형을 그리면 정도형으로 변경됩니다.

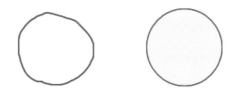

• [잉크를 수식으로 ⁿᵥπ]를 클릭한 후 [수학 식 입력 컨트롤] 창에 수식을 그리면 텍스트 형식의 수식으로 변경됩니다.

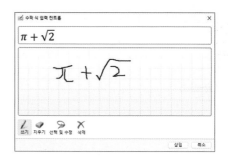

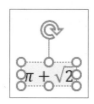

◎ 예제 파일 : 파워포인트 2021₩9장₩9-2.디지털헬스케어(예제).pptx

◉ 완성 파일 : 파워포인트 2021₩9장₩9-2.디지털헬스케어(완성).pptx

1 모든 슬라이드에 다음과 같은 전환 효과를 지정해 보세요.

– 전환 효과 : 소용돌이(▦), 효과 옵션 : 아래에서, 소리 : 바람

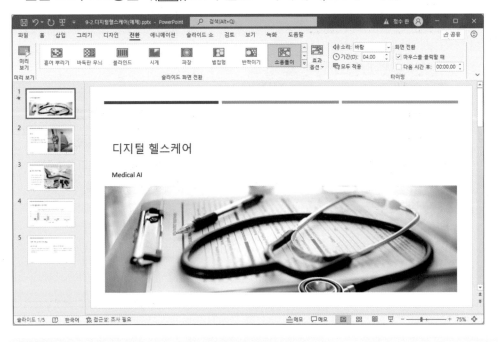

> *Hint!* [전환] 탭–[슬라이드 화면 전환] 그룹

2 '3번 슬라이드'에서 텍스트 상자의 애니메이션 효과를 다음과 같이 지정해 보세요.

– 제목 텍스트 상자 : 애니메이션 효과(날아오기), 효과 옵션(왼쪽에서)

– 내용 텍스트 상자 : 애니메이션 효과(올라오기), 효과 옵션(서서히 아래로), 시작(이전 효과 다음에)

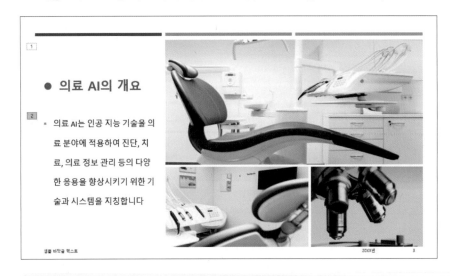

> *Hint!* • [애니메이션] 탭–[애니메이션] 그룹
> • [애니메이션] 탭–[타이밍] 그룹–[시작]

3 4번 슬라이드에서 제목 텍스트 상자와 차트의 애니메이션 효과를 다음과 같이 지정해 보세요.

- 제목 텍스트 상자 : 애니메이션 효과(실선 무늬), 효과 옵션(세로)
- 차트 : 나타내기 : 애니메이션 효과(날아오기), 효과 옵션(항목별로), 시작(이전 효과 다음에)

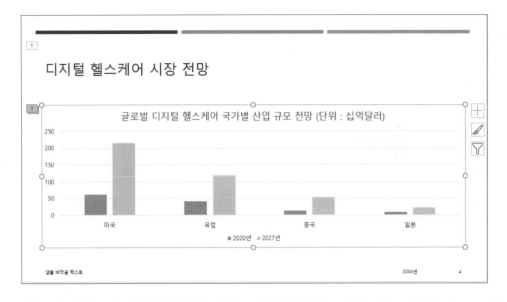

Hint! • [애니메이션] 탭–[애니메이션] 그룹
• [애니메이션] 탭–[타이밍] 그룹–[시작]

4 5번 슬라이드에서 그림과 같이 그리기를 지정하고 잉크 리플레이를 실행해 보세요.

- 제목(펜: 은하계, 3.2mm), 부제목(형광펜: 노랑, 6mm)

로봇 지원, AI기반 진료 보조

로봇 지원 수술

■ 의료 로봇과 AI 기술의 결합은 정밀한 수술을 가능하게 하고 외과적 EDA(Enhanced Decision Aid)를 제공합니다.

인공지능 기반 진료 보조

■ 환자와 의사 간의 의사 소통을 향상시키기 위해 음성 및 언어 처리 기술을 활용한 AI가 도입되고 있습니다.

Hint! • [그리기] 탭–[스텐실] 그룹–[눈금자] 클릭
• [그리기] 탭–[그리기 도구]–[펜]–색 및 두께, [형광펜]–색 및 두께 지정

10장 슬라이드 쇼 진행하기

파워포인트로 작성한 문서를 청중에게 발표하기 위해서는 슬라이드 쇼를 실행해야 합니다. 이번 장에서는 슬라이드 쇼를 진행할 때 도움이 되는 하이퍼링크 삽입과 예행연습을 하는 방법에 대해 살펴보겠습니다.

완성파일 미리보기

무료 동영상

◎ 예제 파일 : 파워포인트 2021₩10장₩10-1.로봇산업(예제).pptx
● 완성 파일 : 파워포인트 2021₩10장₩10-1.로봇산업(완성).pptx

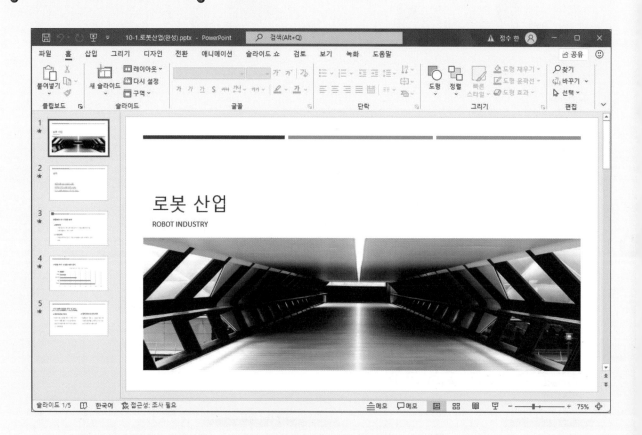

체크포인트

실습1 슬라이드에 하이퍼링크와 실행 단추를 삽입해 봅니다.

실습2 슬라이드 쇼에서 펜을 사용해 보고 슬라이드 쇼를 예행 연습해 봅니다.

하이퍼링크와 실행 단추 삽입하기

슬라이드에 하이퍼링크나 실행 단추를 삽입하면 개체를 클릭했을 때 원하는 웹 페이지나 특정 슬라이드로 이동할 수 있습니다.

하이퍼링크 삽입하기

1 2번 슬라이드의 '1. 협동로봇 VS 산업용 로봇' 텍스트를 범위 지정한 후 **[삽입]** 탭−**[링크]** 그룹에서 **[링크 ⬭]**를 클릭합니다.

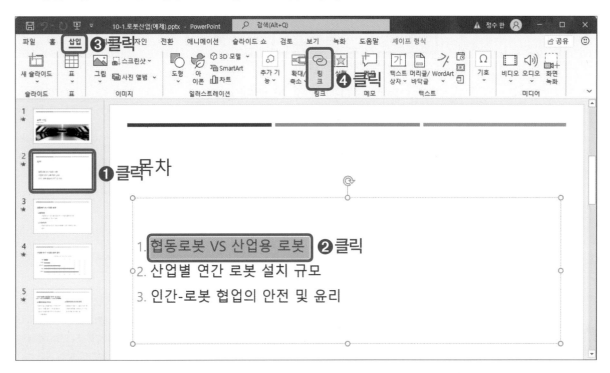

2 [하이퍼링크 삽입] 대화상자에 서 [현재 문서]를 선택한 후 3 번 슬라이드(3. 협동로봇 VS 산업용 로봇)를 선택하고 [확 인] 단추를 클릭합니다.

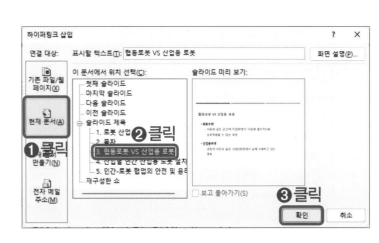

 **TIP** 하이퍼링크

하이퍼링크는 같은 프레젠테이션에서 다른 슬라이드에 연결하거나 다른 프레젠테이션에서 기존 슬라이드, 웹 페이지, 전자 메일 주소, 등에 연결하는 기능입니다.

3 Ctrl 키를 누른 채 '1. 협동로봇 VS 산업용 로봇'을 클릭하면 3번 슬라이드로 이동됩니다.

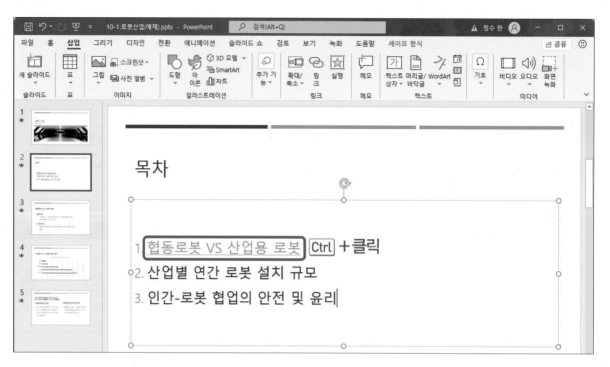

실력쑥쑥 TIP **하이퍼링크 실행**

하이퍼링크는 슬라이스 쇼를 진행할 때 실행할 수 있지만, 링크가 연결되었는지 확인하려면 Ctrl 키를 누르고 링크를 클릭하면 바로 이동됩니다.

4 다시 2번 슬라이드로 이동한 후 '2. 산업별 연간 로봇 설치 규모' 텍스트를 범위 지정하고 [삽입] 탭-[링크] 그룹에서 [링크 🔗]를 클릭합니다.

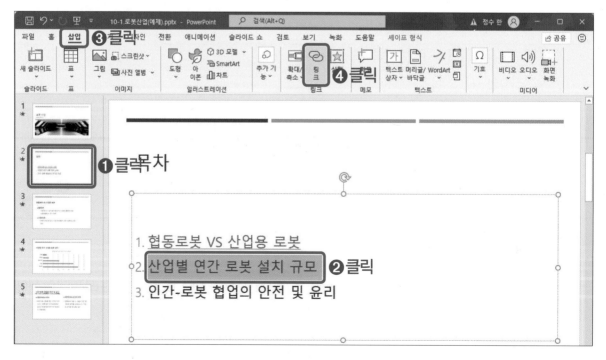

⑤ [하이퍼링크 삽입] 대화상자에 [현재 문서]를 선택한 후 4번 슬라이드(4. 산업별 연간 로봇 설치 규모)를 선택하고 [확인] 단추를 클릭합니다.

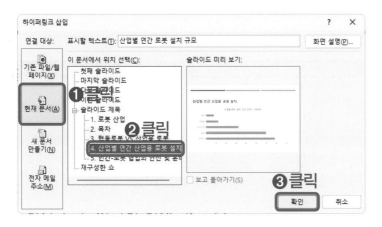

⑥ 같은 방법으로 '3. 인간 – 로봇 협업의 안전 및 윤리' 텍스트를 클릭하면 5번 슬라이드로 이동되도록 지정하여 다음과 같이 완성합니다.

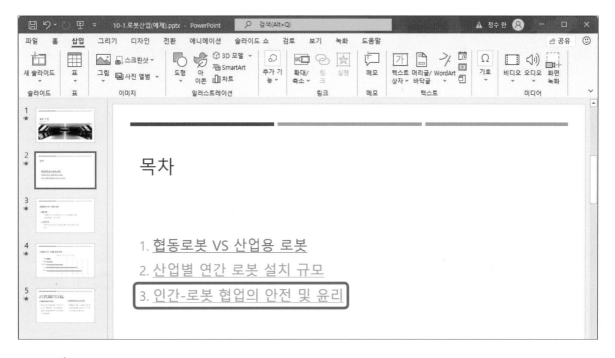

 **TIP** 링크 제거

하이퍼링크가 지정된 개체에서 마우스 오른쪽 버튼을 클릭한 후 [링크 제거 ☒] 메뉴를 클릭하면 하이퍼링크가 제거되고, [링크 편집 ☁] 메뉴를 클릭하면 하이퍼링크를 다시 편집할 수 있습니다.

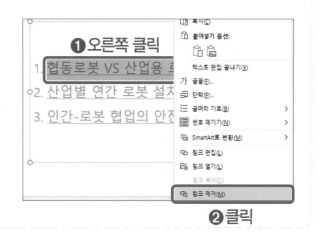

실행 단추 삽입하기

7 3번 슬라이드로 이동한 후 [삽입] 탭-[일러스트레이션] 그룹에서 [도형]-[실행 단추: 홈으로 이동 🏠]을 클릭합니다.

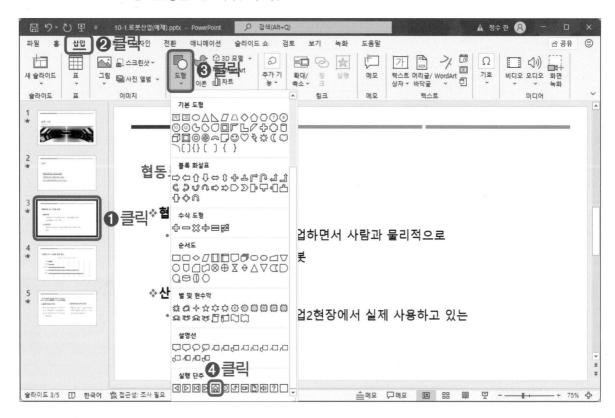

8 마우스 포인터가 + 모양으로 변경되면 슬라이드에 적당한 크기로 드래그하여 삽입한 후 [실행 설정] 대화상자에서 '하이퍼링크-첫째 슬라이드'가 선택되어 있는지 확인하고 [확인] 단추를 클릭합니다.

⑨ 실행 단추의 하이퍼링크를 확인하기 위해 상태 표시줄에서 **[읽기용 보기 📖]**를 클릭합니다.

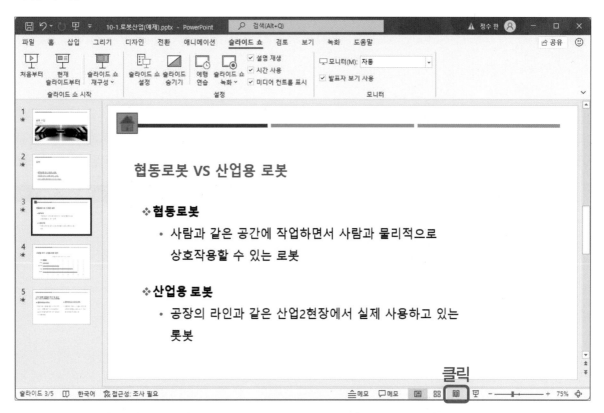

⑩ [PowerPoint 슬라이드 쇼] 창으로 전환되면 실행 단추 🏠를 클릭하여 확인 후 [Esc] 키를 눌러 슬라이드 편집화면으로 돌아옵니다.

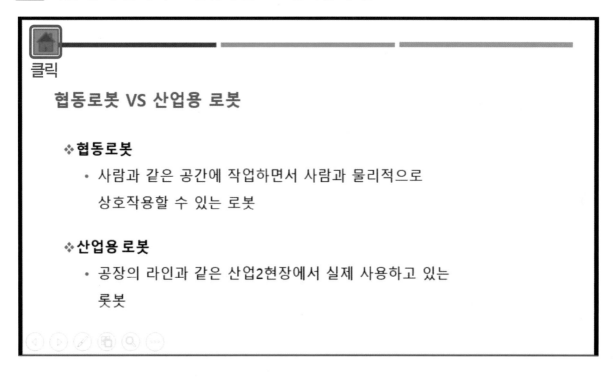

슬라이드 쇼와 예행 연습하기

청중에게 문서를 발표하기 전에 슬라이드 쇼와 예행연습을 통해 실제 발표할 내용을 연습하면서 사전 준비하는 것이 좋습니다.

슬라이드 쇼 진행하기

1 [슬라이드 쇼] 탭–[슬라이드 쇼 시작] 그룹에서 [처음부터 ▷]를 클릭합니다.

 **TIP 슬라이드 쇼 보기**

상태 표시줄의 보기 단추 중에서 [슬라이드 쇼 早]를 클릭하거나 F5 키를 눌러 슬라이드 쇼를 진행할 수도 있습니다.

2 전체 화면으로 슬라이드 쇼가 실행됩니다. 다음 슬라이드로 이동하려면 화면을 클릭하거나 Enter 키를 누르고, 슬라이드 쇼를 마치려면 Esc 키를 누릅니다.

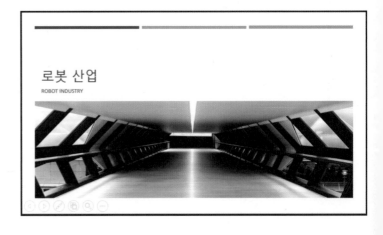

실력쑥쑥 TIP **슬라이드 쇼 이동키**

- 다음 슬라이드로 이동 : 마우스 클릭, Enter, Space Bar, Page Down
- 이전 슬라이드로 이동 : Back Space, Page UP
- 슬라이드 쇼 종료 : Esc

포인트 옵션 사용하기

③ 3번 슬라이드로 이동한 후 [슬라이드 쇼] 탭-[슬라이드 쇼 시작] 그룹에서 [현재 슬라이드부터 🖵]를 클릭합니다.

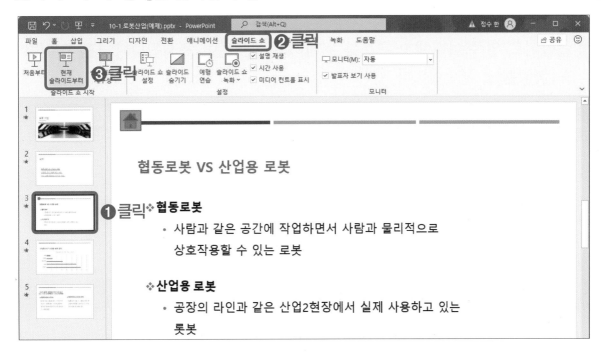

④ 슬라이드 왼쪽 아래에 마우스를 위치하면 아이콘이 표시됩니다. [펜 아이콘 ✏] -[펜]을 클릭합니다.

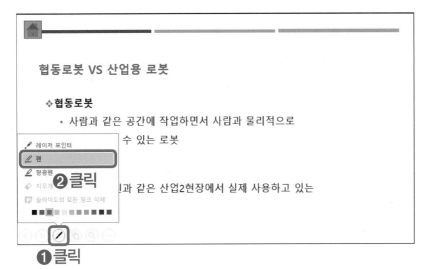

5 마우스 포인터가 변경되면 중요 부분을 마우스로 드래그하여 표시합니다.

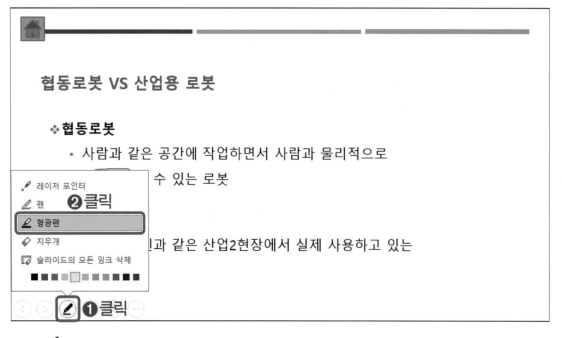

6 슬라이드 왼쪽 아래에 마우스를 위치하면 아이콘이 표시됩니다. [펜 아이콘]
–[형광펜]을 클릭합니다.

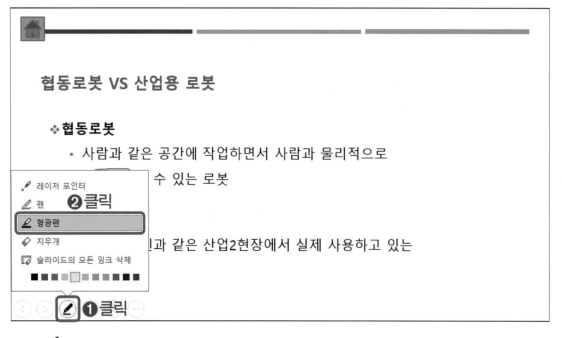

 TIP **펜과 형광펜의 색상 변경하기**

슬라이드 쇼에서 펜은 빨간색, 형광펜은 노란색이 기본으로
적용되나, 하단에서 색상을 변경할 수 있습니다.

7 마우스 포인터가 변경되면 중요 부분을 마우스로 드래그하여 표시합니다. 마우스 포인터 사용을 마치려면 [Esc]키를 누릅니다.

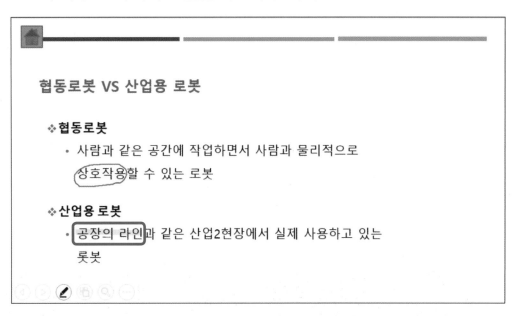

8 슬라이드 쇼를 마치면 다음과 같이 잉크 주석의 유지를 묻는 대화상자가 나타납니다. [아니요]를 클릭하면 표시된 잉크 주석은 표시되지 않습니다.

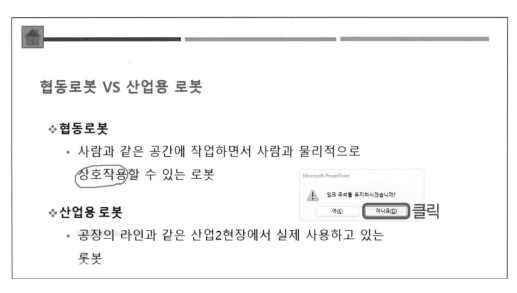

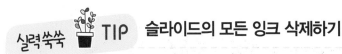 **TIP** **슬라이드의 모든 잉크 삭제하기**

슬라이드 왼쪽 아래에 마우스를 위치하면 아이콘이 표시되는데, [펜 아이콘 ✎]–[지우개 ◇]를 클릭하면 특정 잉크만 선택적으로 지울 수 있으며, [슬라이드의 모든 잉크 삭제 ▧]를 클릭하면 표시된 잉크가 모두 삭제됩니다.

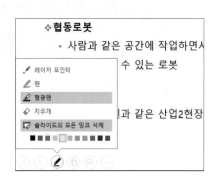

슬라이드 예행연습

9 [슬라이드 쇼] 탭-[설정] 그룹에서 [예행연습 🕒]을 클릭합니다.

10 슬라이드 쇼가 실행되면서 화면 왼쪽 위에 현재 슬라이드의 녹화 시간이 표시됩니다. 슬라이드를 클릭하면서 슬라이드 쇼를 진행합니다.

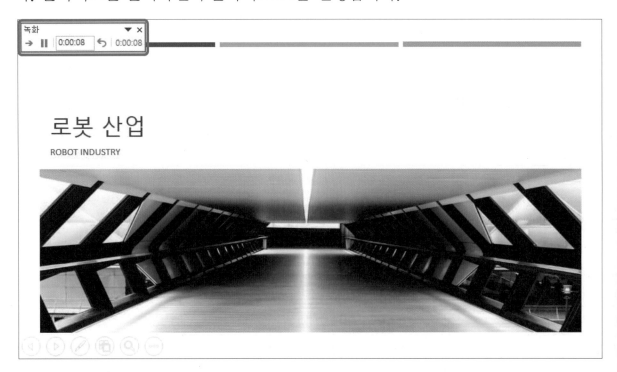

11 모든 슬라이드 쇼가 종료되면 슬라이드 쇼에 걸린 시간과 슬라이드 쇼 실행 시간의 사용 유무를 묻는 대화상자가 나타납니다. [예]를 클릭합니다.

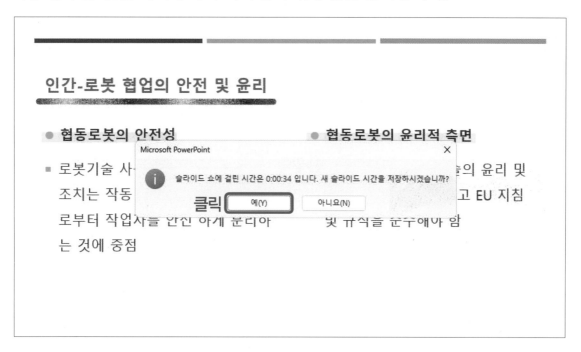

12 각 슬라이드의 녹화 시간을 확인하기 위해 상태 표시줄에서 [여러 슬라이드 ⊞]를 클릭합니다. 여러 슬라이드 보기 화면에 슬라이드의 녹화 시간이 표시됩니다.

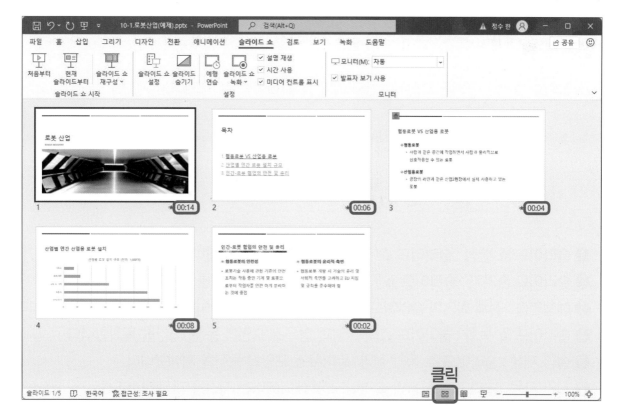

⑬ 슬라이드의 녹화 시간을 지우려면 [슬라이드 쇼] 탭-[설정] 그룹에서 [레코드 🖵]
-[지우기]-[모든 슬라이드의 타이밍 지우기]를 클릭합니다.

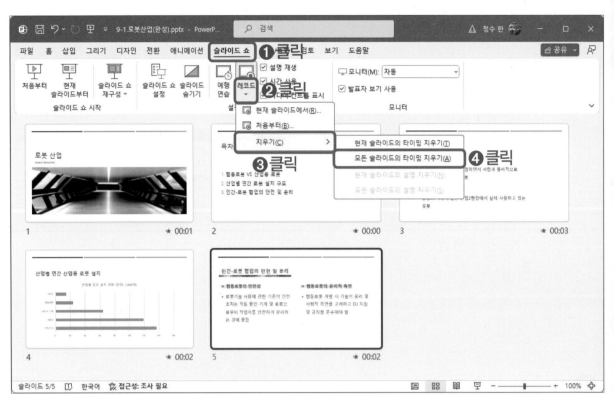

 **TIP 슬라이드의 모든 잉크 삭제하기**

[슬라이드 쇼] 탭-[설정] 그룹에서 슬라이드 쇼를 설정할 수 있습니다.

❶ 슬라이드 쇼 설정 : 슬라이드 쇼에 대한 고급 옵션을 설정합니다.

❷ 슬라이드 숨기기 : 슬라이드 쇼를 실행할 때 숨길 슬라이드를 설정합니다.

❸ 예행연습 : 전체 화면의 슬라이드 쇼가 시작되면서 각 슬라이드의 녹화 시간이 기록됩니다.

❹ 슬라이드 쇼 녹화 : 슬라이드 쇼의 설명과 마우스 포인터 동작, 시간을 녹화합니다.

❺ 설명 재생 : 슬라이드 쇼 동안 설명 및 마우스 포인터 동작을 재생합니다.

❻ 시간 사용 : 슬라이드 쇼 동안 슬라이드 및 애니메이션 시간을 재생합니다.

❼ 미디어 컨트롤 표시 : 슬라이드 쇼 동안 오디오나 비디오 등의 미디어 컨트롤이 표시됩니다.

◎ 예제 파일 : 파워포인트 2021₩10장₩10-2.디지털헬스케어(예제).pptx
◉ 완성 파일 : 파워포인트 2021₩10장₩10-2.디지털헬스케어(완성).pptx

1 '2번 슬라이드(목차)'에서 다음과 같이 하이퍼링크를 설정해 보세요.
- 'A. 의료 AI의 개요' 텍스트에 현재 문서의 '3번 슬라이드'로 링크
- 'B. 디지털 헬스케어 시장 전망' 텍스트에 현재 문서의 '4번 슬라이드'로 링크
- 'C. 로봇 지원, AI기반 진료 보조' 텍스트에 현재 문서의 '5번 슬라이드'로 링크

목차

A. 의료 AI의 개요
B. 디지털 헬스케어 시장 전망
C. 로봇 지원, AI기반 진료 보조

Hint! • 텍스트를 범위 지정한 후 [삽입] 탭-[링크] 그룹에서 [링크 ⊘]를 클릭
• [하이퍼링크 삽입] 대화상자에 [현재 문서]를 선택한 후 해당 슬라이드 선택

2 '3번 슬라이드'에 실행 단추를 다음과 같이 지정해 보세요.
- 실행 단추 삽입 : [실행 단추: 홈으로 이동 🏠]
- 실행 설정 : [마우스를 클릭할 때 실행]-[하이퍼링크]-[첫째 슬라이드]

● 의료 AI의 개요

▪ 의료 AI는 인공 지능 기술을 의
료 분야에 적용하여 진단, 치
료, 의료 정보 관리 등의 다양
한 응용을 향상시키기 위한 기
술과 시스템을 지칭합니다

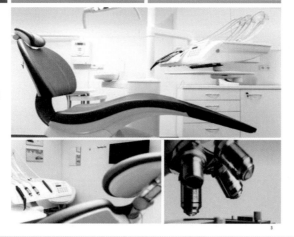

Hint! [삽입] 탭-[일러스트레이션] 그룹에서 [도형]-[실행 단추: 홈으로 이동 🏠]을 클릭

3 다음과 같이 슬라이드 쇼를 진행하면서 펜으로 주요 내용을 표시해 보세요.

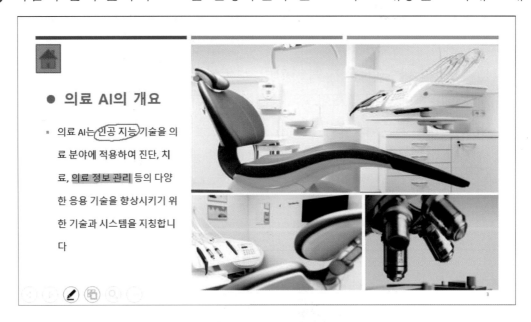

Hint! • [슬라이드 쇼] 탭-[슬라이드 쇼 시작] 그룹에서 [처음부터 ⬇]를 클릭
• 슬라이드 쇼 화면 하단에서 [펜 아이콘 ✎]-[펜], [펜 아이콘 ✎]-[형광펜]

4 다음과 같이 예행연습을 한 후 슬라이드별로 슬라이드의 시간을 확인해 보세요.

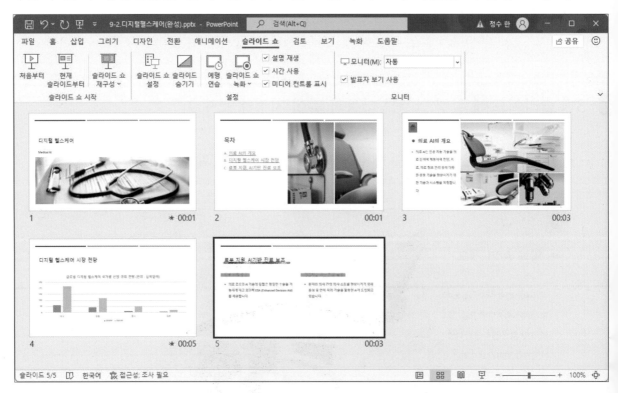

Hint! • [슬라이드 쇼] 탭-[설정] 그룹에서 [예행연습 🖳]을 클릭
• 상태 표시줄에 [여러 슬라이드 ⊞]를 클릭

11장 슬라이드 마스터와 인쇄하기

슬라이드 마스터를 이용하면 여러 슬라이드에 공통으로 적용할 디자인을 설정할 수 있습니다. 이번 장에서는 슬라이드 마스터를 설정하는 방법과 슬라이드, 유인물, 슬라이드 노트를 인쇄하는 방법에 대해 살펴보겠습니다.

완성파일 미·리·보·기

무료 동영상

◎ 예제 파일 : 파워포인트 2021₩11장₩11-1.생체인식(예제).pptx
● 완성 파일 : 파워포인트 2021₩11장₩11-1.생체인식(완성).pptx

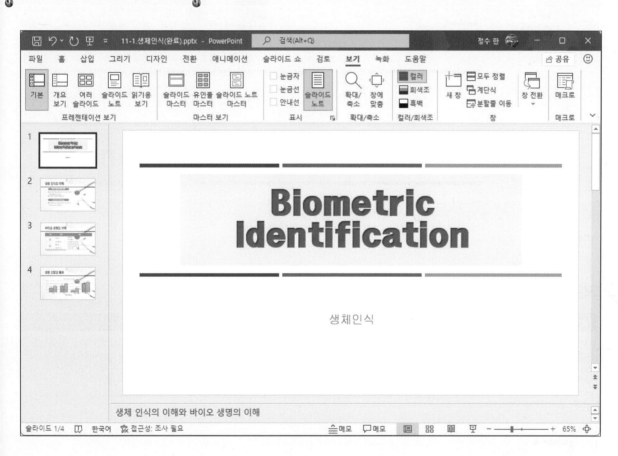

체·크·포·인·트

실습1 슬라이드 마스터에 도형, 그림, 실행 단추 등을 삽입해 봅니다.

실습2 슬라이드와 유인물을 인쇄하여 봅니다.

실습3 슬라이드 노트를 입력해 봅니다.

모든 슬라이드에 공통으로 적용할 디자인이 있으면, 슬라이드 마스터에서 디자인을 설정하면 됩니다.

제목 슬라이드 마스터 편집하기

1 슬라이드 마스터 작업을 하기 위해 [보기] 탭−[마스터 보기] 그룹에서 [슬라이드 마스터 ▦]를 클릭합니다.

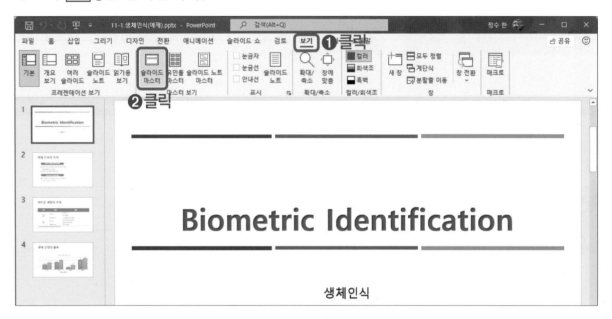

2 [제목 슬라이드 레이아웃: 슬라이드 1에서 사용]을 선택합니다.

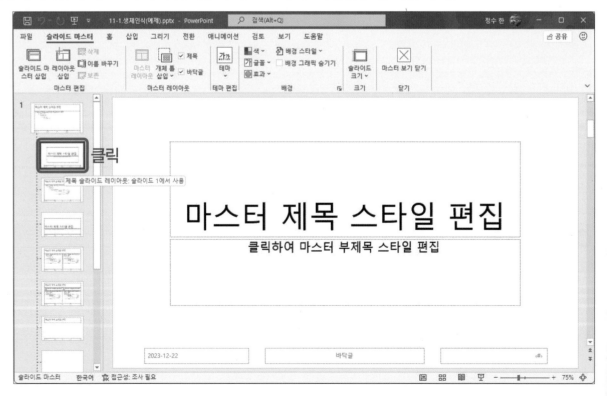

실력쑥쑥  TIP **슬라이드 마스터, 제목 슬라이드 레이아웃, 제목 및 내용 레이아웃**

슬라이드 마스터는 슬라이드 마스터, 제목 슬라이드 레이아웃, 제목 및 내용 레이아웃 등 11종류의 레이아웃으로 구성되어 있으며, 슬라이드 마스터에서 작업하면 모든 슬라이드에 적용되고, 제목 슬라이드 레이아웃에 작업하면 제목 슬라이드에만 적용됩니다.

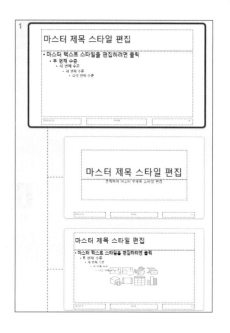

❸ 제목 상자를 선택한 후 [도형 서식] 탭−[도형 스타일] 그룹에서 [도형 채우기 🖌]−'파랑, 강조 5, 80% 더 밝게'를 클릭합니다.

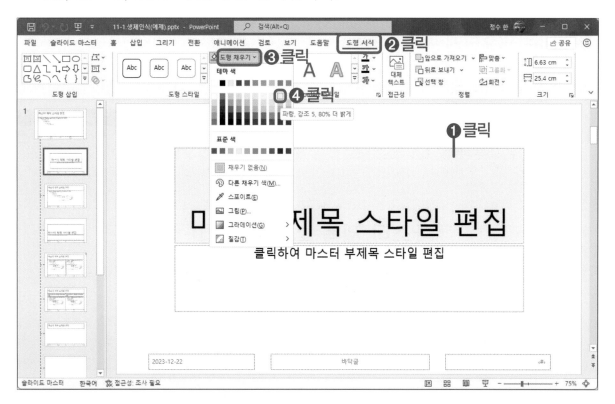

④ [홈] 탭-[글꼴] 그룹에서 글꼴을 '휴먼둥근헤드라인'으로 지정한 후 [단락] 그룹에서 [가운데 맞춤]을 클릭하고 [텍스트 맞춤]-[중간]을 클릭합니다.

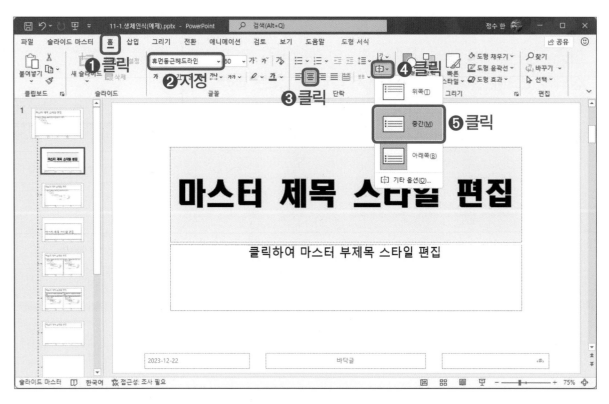

슬라이드 마스터에 도형 삽입하기

⑤ [제목 및 내용 레이아웃: 슬라이드 2~4에서 사용]을 선택합니다.

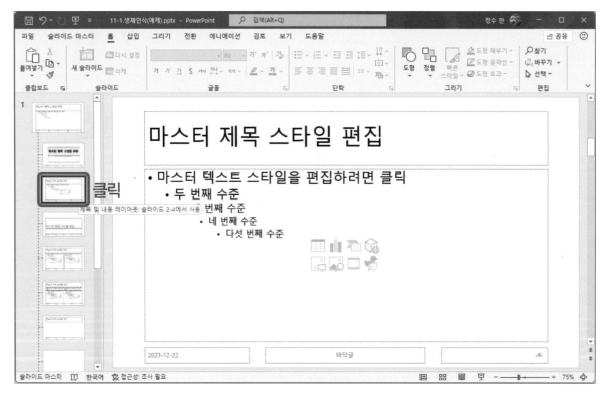

6 제목 텍스트 상자를 선택한 후 [홈] 탭-[글꼴] 그룹에서 글꼴을 'HY헤드라인M'으로 지정한 후 [글꼴 색 **가**]을 '**파랑**'으로 지정합니다.

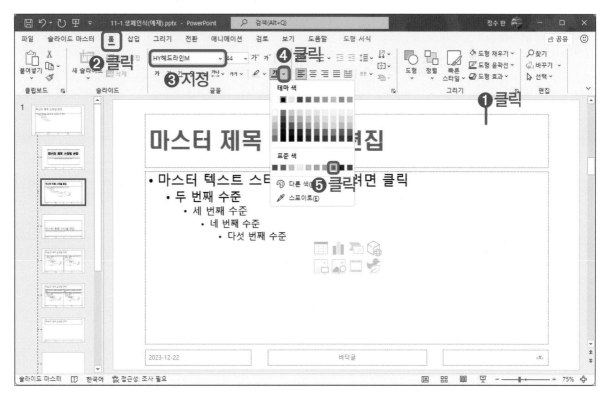

7 [삽입] 탭-[이미지] 그룹에서 [도형 ⬭]-[직사각형] 도형을 클릭합니다.

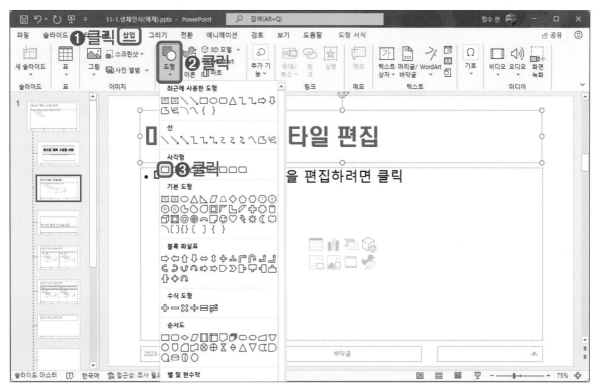

⑧ 마우스 포인터가 '+' 모양으로 바뀌면 슬라이드 아래에 드래그하여 직사각형을 삽입합니다.

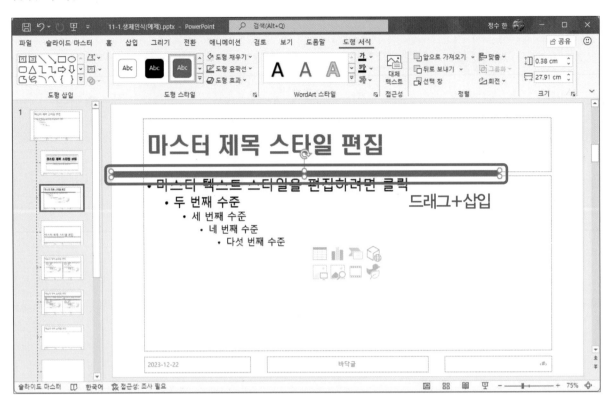

⑨ 도형을 선택한 후 [도형 서식] 탭-[도형 스타일] 그룹에서 [도형 윤곽선 ✎]-[윤곽선 없음]을 클릭합니다.

10 도형을 선택한 후 Ctrl + D 키를 눌러 도형을 복사합니다.

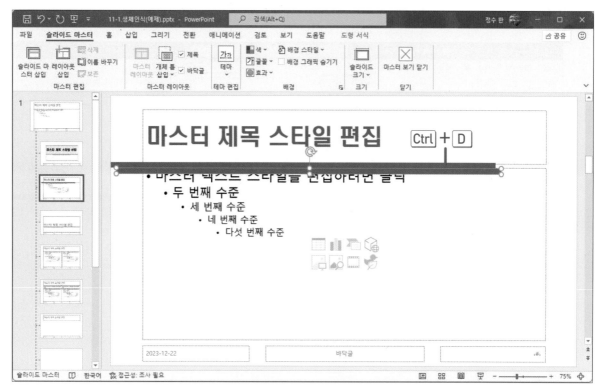

11 도형이 복사되면 오른쪽 끝으로 이동한 후 크기를 조절합니다.

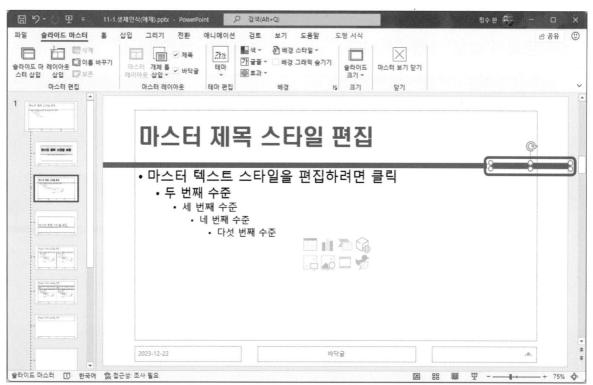

⓬ 도형을 선택한 후 [도형 서식] 탭-[도형 스타일] 그룹의 [도형 채우기 🎨]에서 '진한 파랑'을 클릭합니다.

⓭ 도형을 선택한 후 [도형 서식] 탭-[도형 스타일] 그룹에서 [도형 윤곽선 🖊] -[윤곽선 없음]을 클릭합니다.

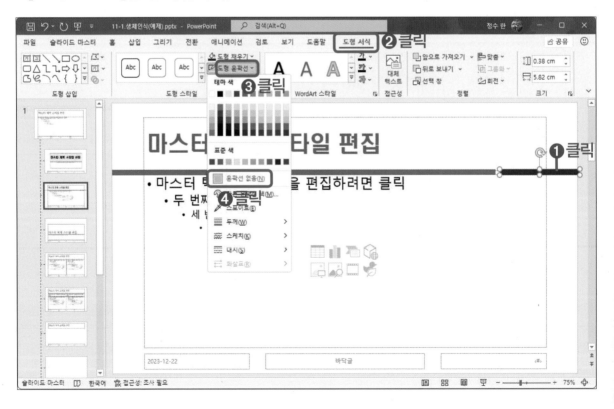

⓮ [삽입] 탭-[이미지] 그룹-[그림 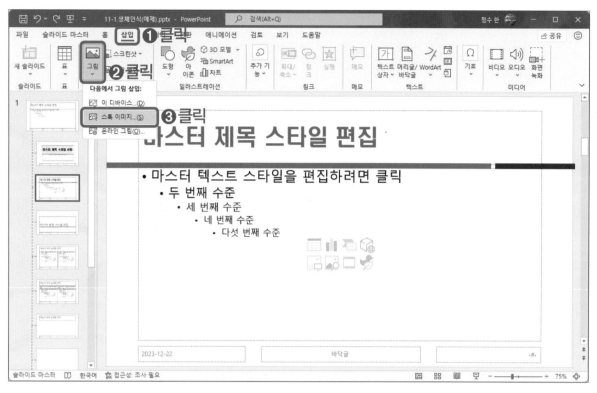]-[스톡 이미지 🔍]를 클릭합니다.

슬라이드에 스톡 이미지 삽입하기

⓯ 스톡 이미지 대화상자에서 입력 창에 『의료』를 입력하고, Enter 키를 눌러 이미지가 검색되면 원하는 그림을 선택한 후 [삽입] 단추를 클릭합니다.

16 삽입된 그림의 크기를 슬라이드에 맞게 조절합니다.

17 그림을 선택한 후 마우스 오른쪽 버튼을 클릭하고 [맨 뒤로 보내기 🖻] 메뉴를 클릭합니다.

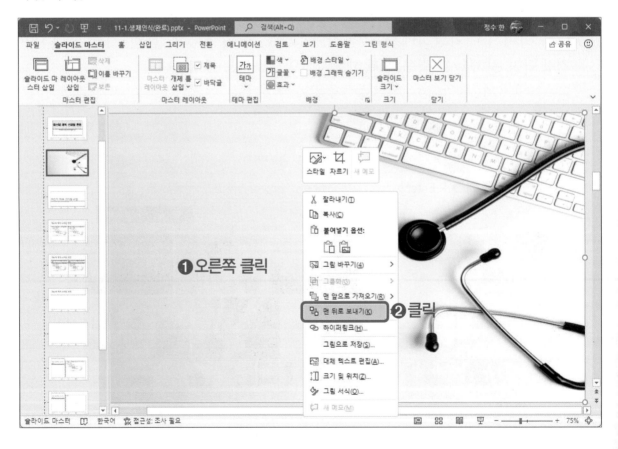

⓲ [그림 서식] 탭-[조정] 그룹에서 [투명도 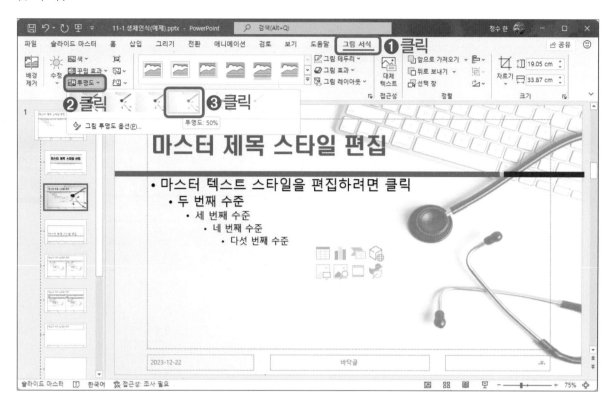]를 클릭한 후 '투명도: 50%'를 선택합니다.

슬라이드 마스터에 실행 단추 삽입하기

⓳ [삽입] 탭-[일러스트레이션] 그룹에서 [도형]-[실행 단추: 홈으로 이동]을 클릭합니다.

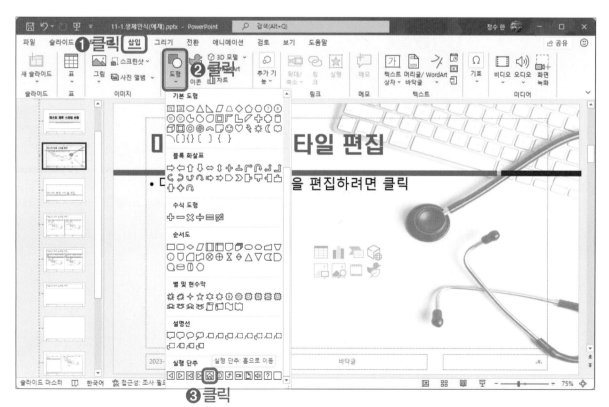

⑳ 마우스 포인터가 + 모양으로 바뀌면 슬라이드 오른쪽 상단에 적당한 크기로 드래 그하여 삽입한 후 [실행 설정] 대화상자에서 '하이퍼링크 – 첫째 슬라이드'가 선택되 어 있는지 확인하고 [확인] 단추를 클릭합니다.

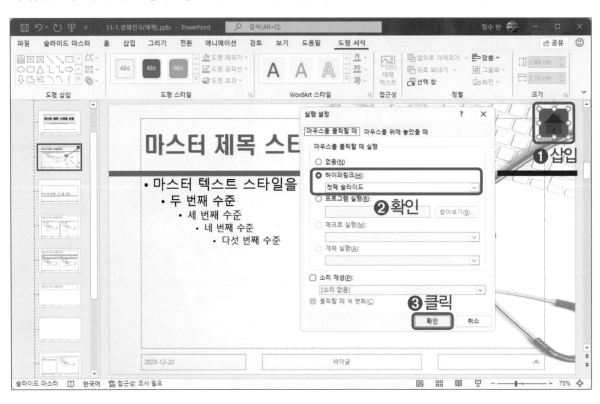

슬라이드 번호 삽입하기

㉑ [삽입] 탭 – [텍스트] 그룹에서 [머리글/바닥글]을 클릭합니다.

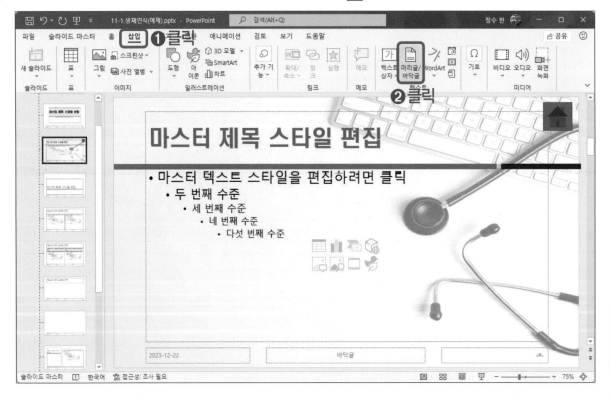

㉒ [머리글/바닥글] 대화상자의 [슬라이드] 탭에서 [슬라이드 번호]와 [제목 슬라이드에는 표시 안 함]에 체크한 후 [모두 적용] 단추를 클릭합니다.

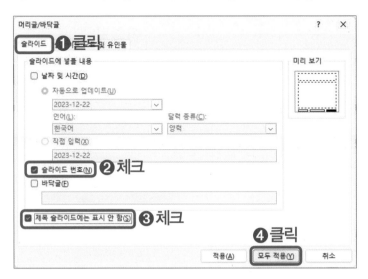

㉓ 슬라이드 번호인 '〈#〉' 텍스트 상자를 선택한 후 [홈] 탭-[글꼴] 그룹에서 '글꼴 크기 : 20pt', '굵게', '글꼴 색 : 파랑'을 선택합니다.

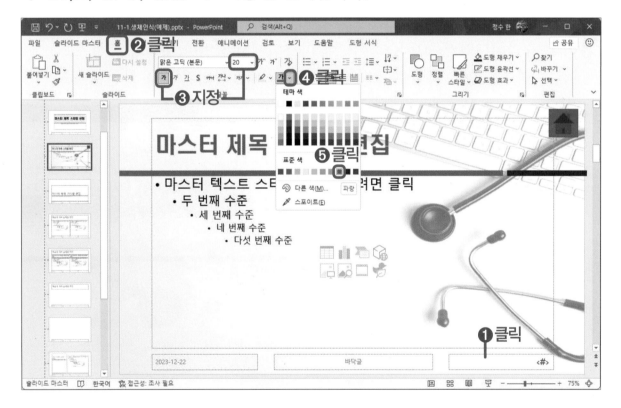

㉔ [슬라이드 마스터] 탭 – [닫기] 그룹에서 [마스터 보기 닫기 ⊠]를 클릭합니다.

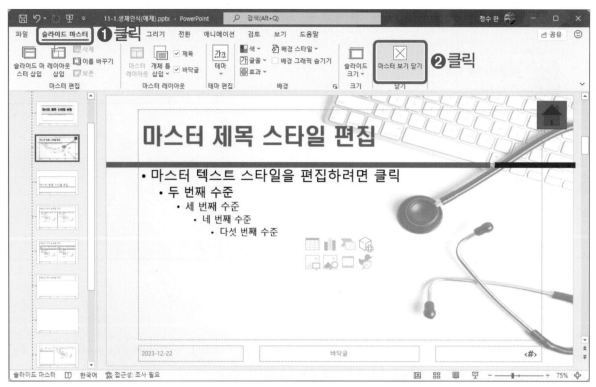

㉕ 제목 슬라이드와 2~4번 슬라이드에 마스터에서 작업한 서식과 도형, 그림, 실행 단추, 슬라이드 번호 등이 마스터에서 작업한 대로 삽입된 것을 확인합니다.

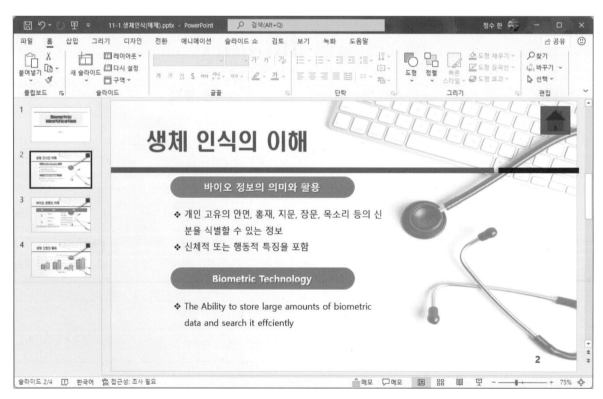

슬라이드와 유인물 인쇄하기

작성한 슬라이드는 A4 용지 한 장에 전체 슬라이드를 인쇄할 수도 있고, 한 장에 여러 개의 슬라이드를 인쇄할 수도 있습니다.

슬라이드 인쇄하기

1 [파일] 탭-[인쇄]를 클릭하면 슬라이드의 미리보기를 확인할 수 있으며, [인쇄 🖶]를 클릭하면 페이지당 하나의 슬라이드가 인쇄됩니다.

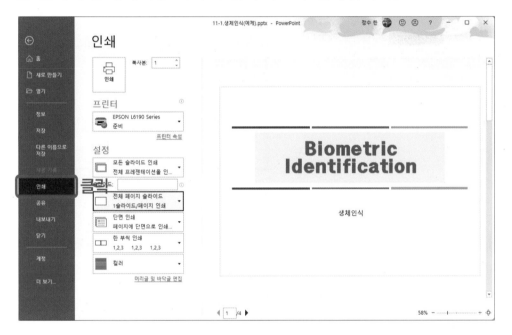

슬라이드 유인물 인쇄하기

2 한 페이지에 여러 슬라이드를 인쇄하려면 [파일] 탭-[인쇄]를 클릭한 후 '설정'에서 '전체 페이지 슬라이드'를 클릭하고 '유인물'에 '2슬라이드'를 클릭합니다.

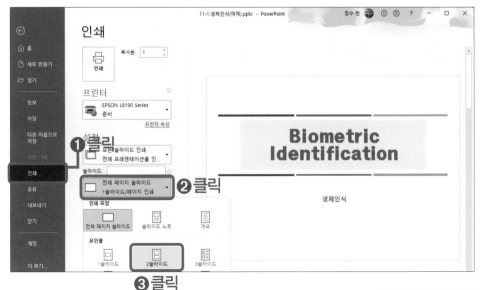

❸ 다음과 같이 한 페이지에 2개의 슬라이드가 인쇄되는 유인물을 확인할 수 있습니다.

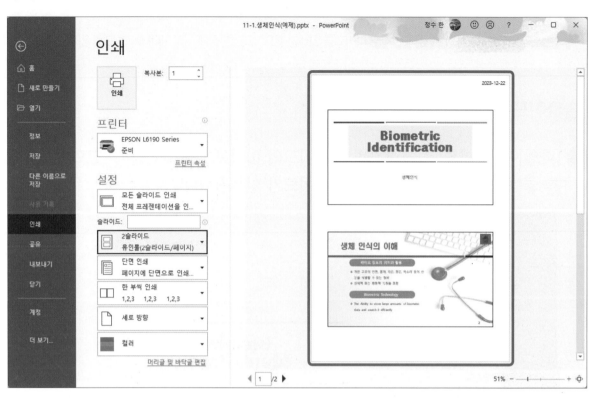

❹ 유인물에 페이지 번호를 삽입하기 위해서는 [머리글 및 바닥글 편집]을 클릭합니다.

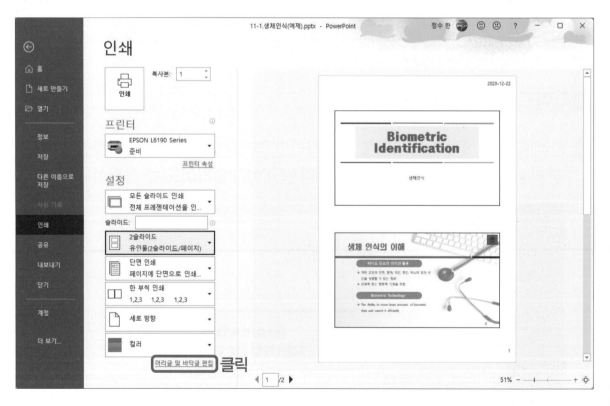

⑤ [슬라이드 노트 및 유인물] 탭에서 '페이지 번호'를 체크한 후, '바닥글'을 체크하고『성안당출판사』를 입력한 후 [모두 적용] 단추를 클릭합니다.

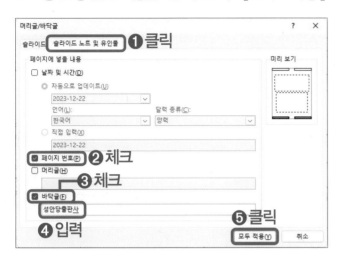

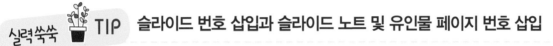

실력쑥쑥 TIP   **슬라이드 번호 삽입과 슬라이드 노트 및 유인물 페이지 번호 삽입**

[머리글/바닥글] 대화상자의 [슬라이드] 탭에서는 슬라이드 번호를 삽입할 수 있고, [슬라이드 노트 및 유인물] 탭에서는 페이지 번호를 삽입할 수 있습니다. 유인물 인쇄 시 [슬라이드 노트 및 유인물] 탭에서 페이지 번호를 지정해야 합니다.

⑥ 다음과 같이 한 페이지에 2개의 슬라이드가 인쇄되며, 페이지 하단 왼쪽에 바닥글과 오른쪽에 페이지 번호가 삽입됩니다(오른쪽 미리보기 화면의 하단에 바닥글과 페이지 번호는 [인쇄] 버튼을 클릭한 후에 화면에 표시됩니다.).

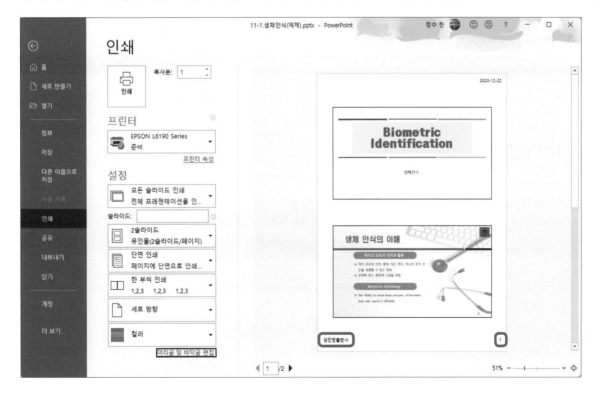

실습3 슬라이드 노트 이용하기

슬라이드 노트를 이용하면 슬라이드의 부연 설명을 입력할 수 있으며, 프레젠테이션에서 보조 모니터를 통해 내용을 보면서 발표할 수 있습니다.

슬라이드 노트 입력하기

① [보기] 탭－[표시] 그룹에서 [슬라이드 노트 ▤]를 클릭합니다.

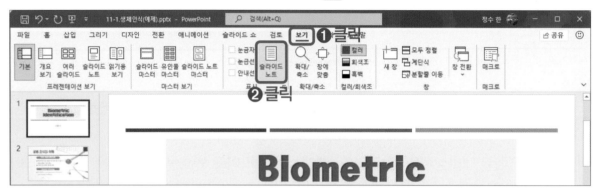

실력쑥쑥 TIP 상태 표시줄의 슬라이드 노트 이용하기

상태 표시줄에서 ▤메모 를 클릭해도 됩니다.

② 다음과 같이 슬라이드 아래에 슬라이드 노트 창이 나타납니다. 경계선을 위쪽으로 드래그하여 슬라이드 노트 영역을 조절합니다.

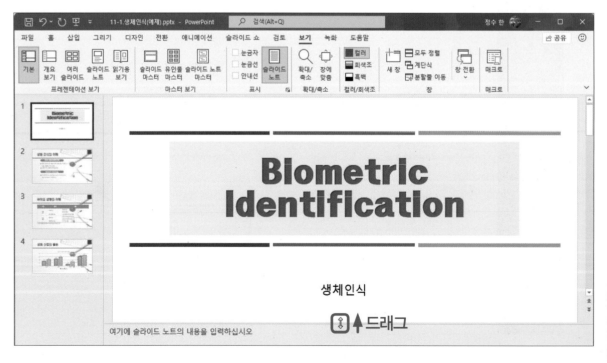

❸ 슬라이드 노트 창에 『– 생체 인식의 이해와 바이오 생명의 이해』를 입력한 후 [보기] 탭–[프레젠테이션 보기] 그룹에서 [슬라이드 노트 ▤]를 클릭하여 내용을 확인합니다.

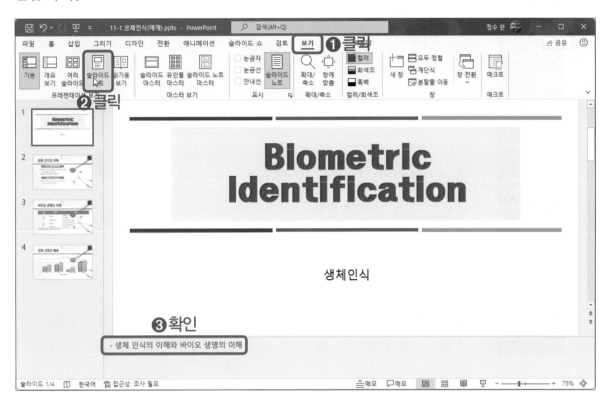

슬라이드 노트 인쇄하기

❹ 다음과 같이 슬라이드 노트를 확인한 후 인쇄하기 위해 [파일] 탭을 클릭합니다.

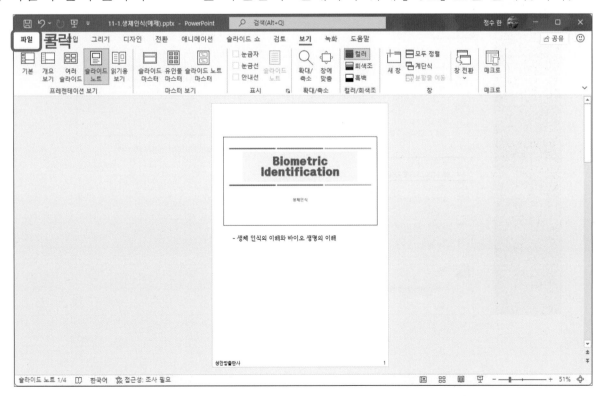

⑤ [인쇄]를 클릭한 후 '설정'에 **'전체 페이지 슬라이드'**를 클릭한 후 '인쇄 모양'에서 **'슬라이드 노트'**를 선택합니다.

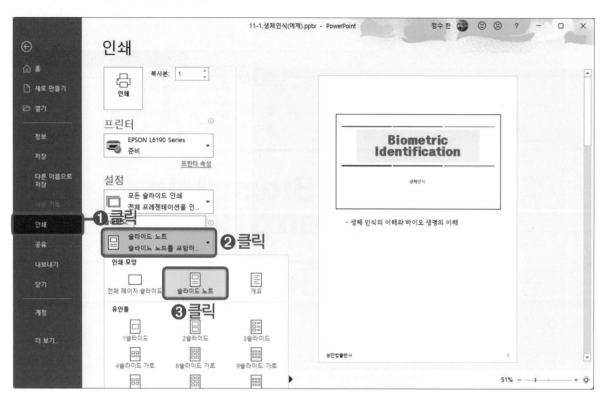

⑥ 슬라이드 노트의 인쇄 미리보기를 확인한 후 [인쇄 🖶]를 클릭하면 슬라이드 노트 형식으로 인쇄됩니다. [돌아가기 ←] 단추를 클릭합니다.

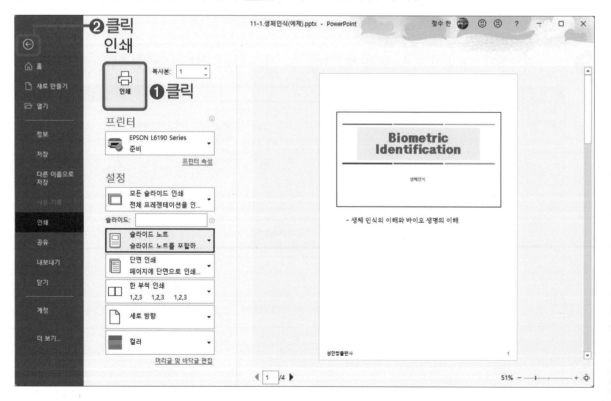

발표 도구에서 슬라이드 노트 보기

7 [슬라이드 쇼] 탭–[슬라이드 쇼 시작] 그룹에서 [처음부터 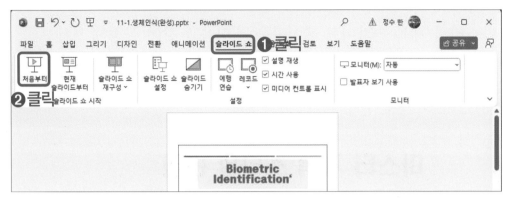]를 클릭합니다.

8 슬라이드 쇼 보기 상태에서 마우스 오른쪽 버튼을 클릭한 후 [발표자 보기 표시] 메뉴를 클릭합니다.

9 발표자 보기 창의 오른쪽 아래에 슬라이드 노트 내용이 표시됩니다. 슬라이드 쇼를 마치려면 [슬라이드 쇼 마침]을 클릭합니다.

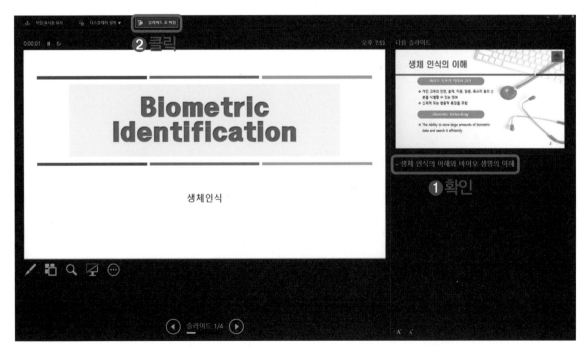

◎ 예제 파일 : 파워포인트 2021₩11장₩11-2.세금의이해(예제).pptx
● 완성 파일 : 파워포인트 2021₩11장₩11-2.세금의이해(완성).pptx

1 슬라이드 마스터의 '제목 슬라이드 레이아웃'에 다음과 같이 설정해 보세요.
- 제목 텍스트 상자 : 글꼴(HY헤드라인M), 가로 가운데 맞춤, 텍스트 맞춤(중간)

Hint! • [보기] 탭-[마스터 보기] 그룹에서 [슬라이드 마스터 □]
• [제목 슬라이드 레이아웃: 슬라이드 1에서 사용]을 선택

2 슬라이드 마스터의 '제목 및 내용 레이아웃'에 다음과 같이 설정해 보세요.
- 제목 텍스트 상자 : 글꼴(HY견고딕), 글꼴 색(녹색, 강조 6)
- 도형 삽입 : 직사각형(윤곽선 없음, 연한 녹색), 직사각형(윤곽선 없음, 녹색)
- 그림 : 스톡 이미지(달력 검색). 투명도 50%
- 머리글/바닥글 : [슬라이드 번호]와 [제목 슬라이드에는 표시 안 함]에 체크 표시

Hint! • 제목 및 내용 레이아웃: '슬라이드 2~4에서 사용'을 선택
• [삽입] 탭-[이미지] 그룹에서 [도형 ▱]-[직사각형]
• [삽입] 탭-[이미지] 그룹-[그림 🖼]-[스톡 이미지 ▨]를 클릭
• [그림 서식] 탭-[조정] 그룹에서 [투명도 🖼]
• [삽입] 탭-[텍스트] 그룹-[머리글/바닥글 편집 📄]에서 '슬라이드 번호'에 체크-'제목 슬라이드
에는 표시 안 함'에 체크-[모두 적용] 클릭

3 한 페이지에 2개의 슬라이드가 인쇄되는 유인물을 인쇄해 보세요.
- 인쇄 설정 : [유인물]–[2슬라이드]
- 슬라이드 노트 및 유인물에 바닥글(성안당출판사)과 페이지 번호를 삽입

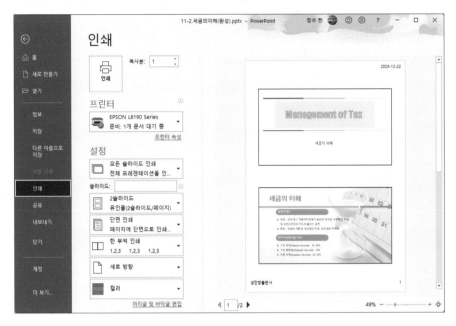

Hint! • [삽입] 탭–[텍스트] 그룹에서 [머리글/바닥글 📄]
• [슬라이드 노트 및 유인물] 탭에서 '페이지 번호'를 체크–'바닥글' 체크–『성안당출판사』 입력–[모두 적용] 클릭

4 슬라이드 노트 창에 다음과 같이 입력해 보세요.
- 슬라이드 노트 내용 : 세금의 이해, 세금의 분류 기준과 종류

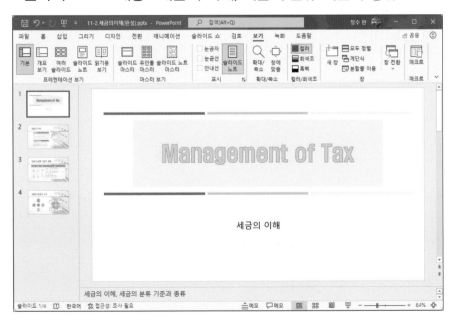

Hint! [보기] 탭–[표시] 그룹에서 [슬라이드 노트 📄]

AI를 이용하여 파워포인트 작업하기

파워포인트를 AI(인공지능) 프로그램 GAMMA를 이용하여 원하는 주제를 입력하여 생성하고, 편집하는 방법에 대하여 살펴보겠습니다.

완성파일 미리보기

무료 동영상

● 완성 파일 : 파워포인트 2021₩12장₩12-1.블로그마케팅(완성).pptx

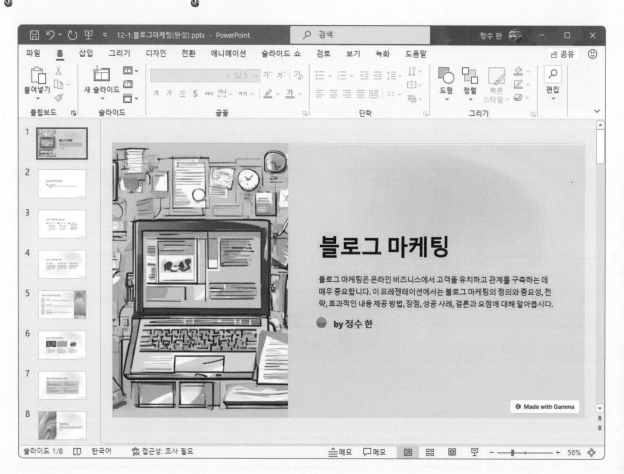

체크포인트

실습1　GAMMA를 이용하여 프레젠테이션을 생성하는 방법에 대하여 알아봅니다.

실습2　GAMMA에서 생성한 프레젠테이션을 편집하는 방법에 대하여 알아봅니다.

실습3　GAMMA에서 작업한 프레젠테이션을 내려받고 파워포인트 2021에서 편집하는 방법에 대하여 알아봅니다.

GAMMA를 이용하여 프레젠테이션 생성하기

GAMMA 사이트에 접속하여 원하는 주제로 프레젠테이션을 생성할 수 있습니다.
※ 운영체제와 브라우저에 따라 GAMMA의 일부 메뉴명이 다를 수 있습니다.

구글 회원가입

1 GAMMA를 사용하기 위해서 로그인해야 하는데, 구글 아이디로 편리하게 무료로 가입한 후 로그인할 수 있습니다. 구글에 회원 가입하기 위해서 구글 홈페이지 (https://www.google.com)에 접속한 후 오른쪽 상단의 [로그인]을 클릭합니다.

2 다음과 같이 로그인 화면이 나타나면 [계정 만들기]-[개인용]을 선택한 후 [다음]을 클릭합니다.

GAMMA 프로그램은 기본 400크레딧이 제공되며, 최대 10개의 파일만 무료로 작업할 수 있습니다. 무료로 제공되는 크레딧을 소진하면 다른 이메일로 재가입하거나 비용을 지불하고 유료로 사용해야 합니다.

이점 확인하시고 무료로 제공되는 크레딧 내에서 연습하시기 바랍니다.

③ 다음의 순서에 따라서 계정 만들기를 진행합니다.

'성'과 '이름' 입력 ▶ '생일'과 '성별' 입력 ▶ 사용할 '이메일 주소' 입력 ▶ 사용할 '비밀번호' 입력 ▶ '휴대전화 번호'를 입력하여 '인증코드' 받기 ▶ '인증코드' 입력 ▶ 복구할 '이메일 주소' 입력 (건너뛰기 가능) ▶'전화번호' 추가 (건너뛰기 가능) ▶ [계정 만들기] 버튼을 클릭하면 구글 가입이 완료됩니다.

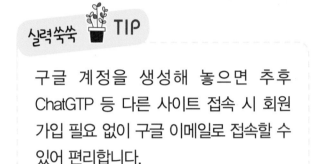

실력쑥쑥 TIP

구글 계정을 생성해 놓으면 추후 ChatGTP 등 다른 사이트 접속 시 회원 가입 필요 없이 구글 이메일로 접속할 수 있어 편리합니다.

GAMMA 웹사이트 접속하기

① GAMMA 웹사이트에 접속하기 위해서 홈페이지(https://gamma.app)에 접속한 후 [Sign up for free]를 클릭합니다.

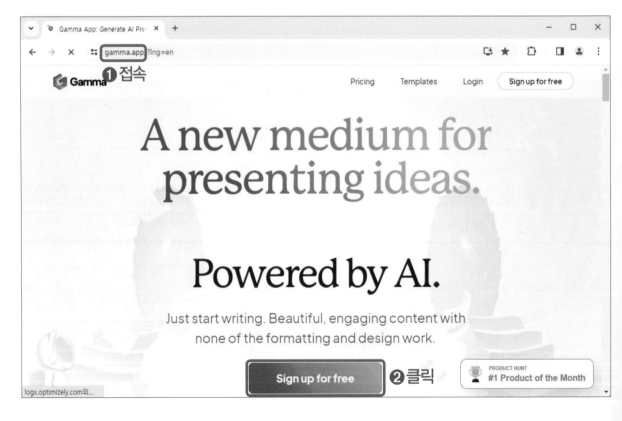

② 다음과 같은 화면에서 [Google로 계속하기]를 클릭합니다.

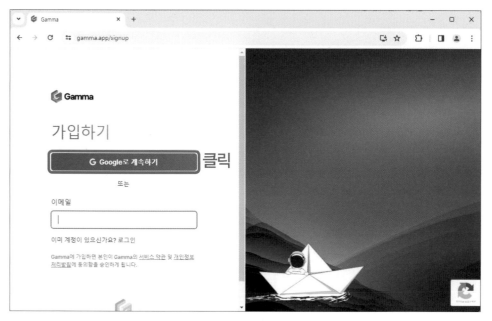

③ 가입한 구글 이메일을 입력한 후 [다음] 단추를 클릭하고, 비밀번호를 입력한 후 [다음] 단추를 클릭합니다.

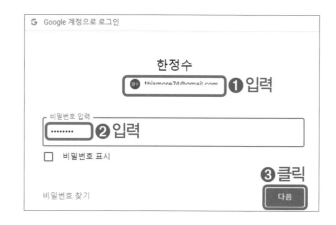

④ 다음과 같이 GAMMA 로그인된 화면이 나타나면 [새로 만들기 AI] 단추를 클릭합니다.

GAMMA를 활용한 프레젠테이션 만들기

5 'AI로 만들기' 화면에서 [생성]을 선택합니다.

6 선택 화면에서 [프레젠테이션]을 클릭합니다.

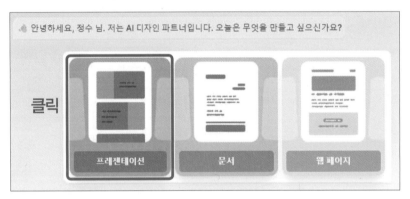

7 검색 창에 PPT로 만들고 싶은 주제를 입력할 수 있습니다. 『블로그 마케팅』을 입력한 후 Enter 키를 누르거나 [보내기 ▶] 단추를 클릭합니다.

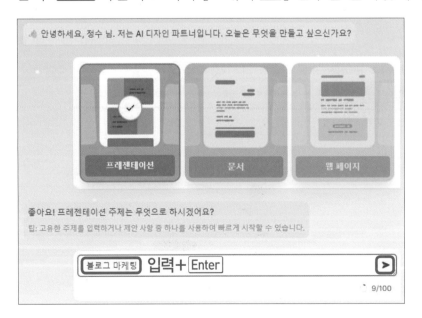

❽ 다음과 같이 블로그 마케팅 주제로 PPT에 만들어지는 세부 개요를 확인할 수 있으며, 개요가 마음에 들지 않으면 [다시 시도하세요]를 클릭하여 개요를 변경할 수 있고, 내용이 확정되면 [계속] 단추를 클릭합니다.

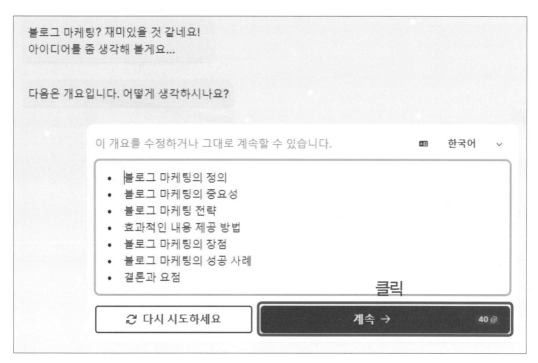

❾ 오른쪽 창의 '테마 선택'에서 마음에 드는 테마(Atmosphere)를 선택한 후 [계속]을 클릭합니다. (또는 [생성]을 클릭)

❿ GAMMA APP의 AI 인공지능 시스템이 챗GPT처럼 자동으로 '블로그 마케팅'의 주제로 프레젠테이션을 만들어 줍니다. 창의 왼쪽에 보면 8개의 슬라이드가 완성되었으며, 각각의 슬라이드를 클릭하여 내용을 확인해 봅니다.

 GAMMA에서 프레젠테이션 편집하기

GAMMA로 생성한 프레젠테이션의 슬라이드 그림과 내용을 수정 편집할 수 있습니다.

슬라이드 편집

❶ [카드 스타일 지정 🎨]-[Left 레이아웃 ▧]을 클릭하여 그림을 왼쪽으로 배치하고, [카드 색상 🎨]을 클릭한 후 [페일 그린] 색을 지정합니다.

② 그림을 선택한 후 [강조 이미지 수정 🖼]을 클릭합니다.

③ 오른쪽 창에서 [웹 이미지 검색]을 선택한 후 입력 창에『Blog marketing, digital illustration』을 입력한 다음 '이미지 라이선스'를 [무료 사용]으로 선택하면 무료로 사용 가능한 이미지가 검색되어 나타납니다. 마음에 드는 이미지를 선택하면 1번 슬라이드의 이미지가 변경됩니다.

④ GAMMA에서는 이미지를 AI로 생성할 수도 있습니다. [AI로 이미지 생성](또는 AI image)을 선택하고, 프롬프트 창에 『blog marketing, digital illustration』을 입력한 후 [생성] 버튼을 클릭합니다.

 TIP 기본적인 웹 이미지, Unsplash 이미지 등은 크레딧이 소진되지 않는 무료이며, AI images를 이용한 이미지(인공지능 기능 이용) 생성은 10크레딧이 사용됩니다.

⑤ 다음과 같이 블로그 마케팅의 디지털 일러스트에 관한 AI 이미지가 생성됩니다.

6 왼쪽 창에서 5번 슬라이드를 선택한 후 첫 번째 텍스트 창의 [추가 항목 `...`] 버튼 (또는 AI image)을 클릭하고 [레이아웃 수정]을 클릭합니다.

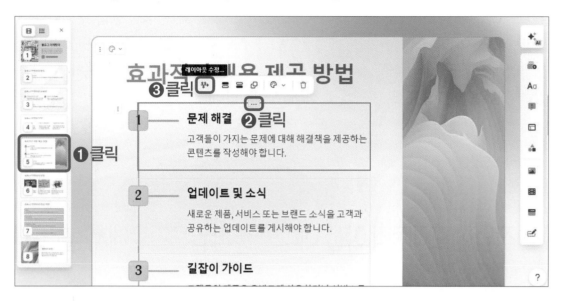

7 [타임라인]을 클릭한 후 [화살표]를 선택합니다.

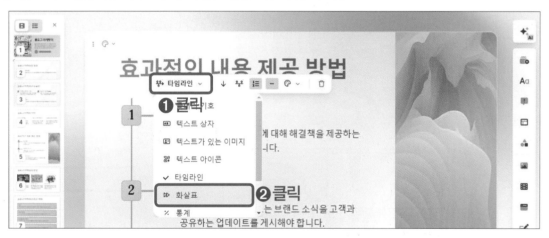

8 다음과 같이 '타임라인' 레이아웃이 '화살표' 레이아웃으로 변경됩니다.

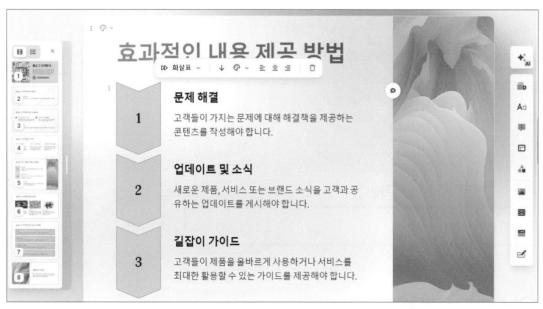

다양한 도구를 이용하여 타임라인, 그리드, 표, 콜아웃 상자, 제목, 섹션 등을 수정할 수 있습니다. 또한 다양한 이미지, 아이콘을 첨부할 수 있고, 이미지를 AI로 생성할 뿐만 아니라 동영상을 첨부할 수도 있습니다. 수동으로 PPT 편집이 어려우면 AI 수정 기능을 통해 "〜해줄래"라고 입력하면 알아서 자동으로 PPT를 수정해 주기도 합니다.

실습3 작업한 프레젠테이션 내려받고 파워포인트에서 불러오기

GAMMA에서 작업한 프레젠테이션을 PPT 파일로 내려받을 수 있으며, 파일을 파워포인트 2021에 불러와서 각각의 슬라이드를 편집할 수 있습니다.

❶ 더보기(⋯) 단추를 클릭한 후 [내보내기...]를 선택합니다.

❷ 다음과 같은 화면에서 [PowerPoint(으)로 내보내기] 단추를 클릭합니다.

③ 다음과 같은 화면이 나타나면 [여기를 클릭하여 다운로드 하세요]를 클릭합니다.

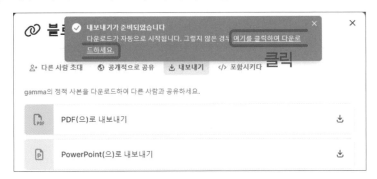

④ 바탕화면의 '내PC'를 실행하고 '탐색기' 창에서 [다운로드]를 클릭하여 오른쪽 창에 방금 내려받은 PPT 파일을 더블 클릭합니다.

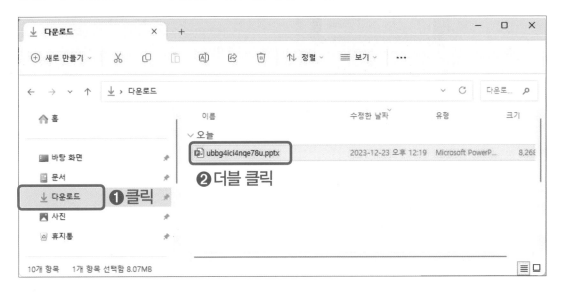

⑤ 다음과 같이 파워포인트가 활성화되면 [편집 사용]을 클릭하여 각각의 슬라이드를 수정 편집할 수 있습니다.

6 제목 슬라이드 오른쪽 하단에 있는 'Made With Gamma' 이미지를 선택한 후 Delete 키를 눌러 삭제할 수 있습니다.

7 작성자 이름 텍스트 상자를 클릭한 후 『발표자 : 홍길동』으로 텍스트를 수정합니다.

◉ 완성 파일 : 파워포인트 2021₩12장₩12-2.인공지능파워포인트(완성).pptx

1 GAMMA를 이용하여 '인공지능을 이용한 파워포인트'의 주제로 프레젠테이션을 생성해 보세요.

Hint!
- 홈페이지 접속(https://gamma.app)-로그인
- [새로 만들기 AI] 클릭-[생성] 선택-[프레젠테이션] 선택- 텍스트 창에 『인공지능을 이용한 파워포인트』를 입력-[보내기 ➤] 클릭

2 생성된 프레젠테이션을 다음과 같이 편집해 보세요.
- 테마 선택 : Oatmeal   - 카드 스타일 : Top 레이아웃
- 1번 슬라이드의 그림 변경 : 웹 이미지 검색, 검색어(ai powerpoint), 무료 사용 이미지
- 카드 색상 : 라이트 썬 색상

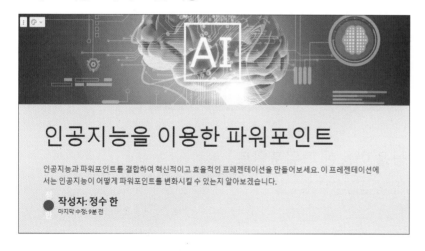

Hint!
- 테마 선택에서 'Oatmeal 테마' 선택
- 1번 슬라이드를 선택-[카드 스타일 지정 ⚙]을 클릭-[Top 레이아웃 ▭]을 클릭
- [카드 색상 🎨]을 클릭-[라이트 썬] 색을 지정

3 6번 슬라이드의 '타임라인' 레이아웃을 '화살표 레이아웃'으로 변경한 후 색상을 '베이비 블루'로 지정해 보세요.

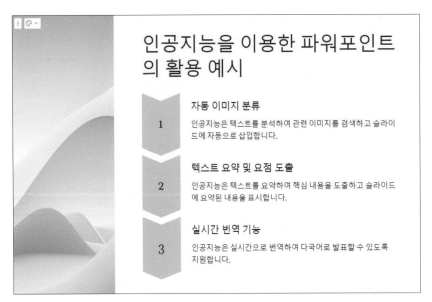

Hint! • 왼쪽 창에서 6번 슬라이드(타임라인) 선택– 텍스트 창의 [추가 항목 ⋯] 클릭–[레이아웃 수정]을 클릭–[타임라인]을 클릭–[화살표]를 선택
• [색상 🎨] 클릭–'베이비 블루' 선택

4 GAMMA로 제작한 프레젠테이션을 내려받기하고 파워포인트 2021에서 편집해 보세요.
– 슬라이드의 오른쪽 아래에 있는 'Made with Gamma' 이미지 삭제
– 작성자 이름의 텍스트를 '발표자 : 홍길동'으로 수정

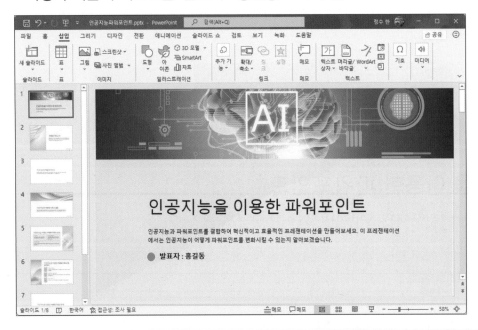

Hint! • 오른쪽 위에 더 보기(⋯) 단추–[내보내기...]를 선택
• [PowerPoint(으)로 보내기] 단추를 클릭하여 다운로드

교재로 채택하여 강의 중인 **컴퓨터학원**입니다.

[서울특별시]

한양IT전문학원(서대문구 홍제동 330-54)
유림컴퓨터학원(성동구 성수1가 1동 656-251)
아이콘컴퓨터학원(은평구 갈현동 390-8)
송파컴퓨터회계학원(송파구 송파동 195-6)
강북정보처리학원(은평구 대조동 6-9호)
아이탑컴퓨터학원(구로구 개봉1동 65-5)
신영진컴퓨터학원(구로구 신도림동 437-1)
방학컴퓨터학원(도봉구 방학3동 670)
아람컴퓨터학원(동작구 사당동 우성2차 09상가)
국제컴퓨터학원(서초구 서초대로73길54 디오빌 209호)
백상컴퓨터학원(구로구 구로1동 314-1 극동상가 4층)
겐젤컴퓨터학원(도봉구 창2동 581-28)
독립문컴퓨터학원(종로구 무악동 47-4)
문성컴퓨터학원(동작구 대방동 335-16 대방빌딩 2층)
대건정보처리학원(강동구 명일동 347-3)
제6세대컴퓨터학원(송파구 석촌동 252-5)
경문컴퓨터학원(도봉구 쌍문2동 56)
경우컴퓨터학원(도봉구 방학1동 680-8)
바로컴퓨터학원(강북구 수유2동 245-4)
뚝섬컴퓨터학원(성동구 성수1가2동)
오성컴퓨터학원(광진구 자양3동 553-41)
해인컴퓨터학원(광진구 구의2동 30-15)
푸른솔컴퓨터학원(광진구 자양2동 645-5)
희망컴퓨터학원(광진구 구의동)
경일웹컴퓨터학원(중랑구 신내동 665)
현대정보컴퓨터학원(양천구 신정5동 940-38)
군노컴퓨터학원(관악구 서림동 96-48)
스마트컴퓨터학원(도봉구 창동 9-1)
고드산업디자인학원(노원구 상계동 724)
기주컴퓨터학원(구로구 구로5동 528-7)
기래컴퓨터학원(구로구 개봉2동 403-217)
중앙컴퓨터학원(구로구 구로동 437-1 성보빌딩 3층)
고려아트컴퓨터학원(송파구 거여동 554-3)
노노스창업교육학원(서초구 양재동 16-6)
우신컴퓨터학원(성동구 홍익동 210)
구궁화컴퓨터학원(성동구 행당동 245번지 3층)
영일컴퓨터학원(금천구 시흥1동 838-33호)
셀파컴퓨터회계학원(송파구 송파동 97-43 3층)
지현컴퓨터학원(구로구 구로3동 188-5)

[인천광역시]

이컴IT.회계전문학원(남구 도화2동 87-1)
새성정보처리학원(계양구 효성1동 295-1 3층)
상아컴퓨터학원(경명대로 1124 명인프라자1, 501호)
경진컴퓨터학원(계양구 계산동 946-10 덕우빌딩 6층)
하나래컴퓨터디자인학원(계양구 임학동 6-1 4층)
효성한맥컴퓨터학원(계양구 효성1동 77-5 신한뉴프라자 4층)
대컴퓨터학원(남동구 구월동 1225-36 롯데프라자 301-1)
이엘컴퓨터학원(남동구 구월동 1249)

하이미디어아카데미(부평구 부평동 199-24 2층)
부평IT멀티캠퍼스학원(부평구 부평5동 199-24 4, 5층)
돌고래컴퓨터아트학원(부평구 산곡동 281-53 풍성프라자 402, 502호)
미래컴퓨터학원(부평구 산곡1동 180-390)
가인정보처리학원(부평구 삼산동 391-3)
서부연세컴퓨터학원(서구 가좌1동 140-42 2층)
이컴학원(서구 석남1동 513-3 4층)
연희컴퓨터학원(서구 심곡동 303-1 새터빌딩 4층)
검단컴퓨터회계학원(서구 당하동 5블럭 5롯트 대한빌딩 4층)
진성컴퓨터학원(연수구 선학동 407 대영빌딩 6층)
길정보처리회계학원(중구 인현동 27-7 창대빌딩 4층)
대화컴퓨터학원(남동구 만수5동 925-11)
new중앙컴퓨터학원(계양구 임학동 6-23번지 3층)

[대전광역시]

학사컴퓨터학원(동구 판암동 203번지 리라빌딩 401호)
대승컴퓨터학원(대덕구 법동 287-2)
열린컴퓨터학원(대덕구 오정동 65-10 2층)
국민컴퓨터학원(동구 가양1동 579-11 2층)
용운컴퓨터학원(동구 용운동 304-1번지 3층)
굿아이컴퓨터학원(서구 가수원동 656-47번지 3층)
경성컴퓨터학원(서구 갈마2동 1408번지 2층)
경남컴퓨터학원(서구 도마동 경남(아)상가 301호)
둔산컴퓨터학원(서구 탄방동 734 3층)
로얄컴퓨터학원(유성구 반석동 639-4번지 웰빙타운 602호)
자운컴퓨터학원(유성구 신성동 138-8번지)
오원컴퓨터학원(중구 대흥동 205-2 4층)
계룡컴퓨터학원(중구 문화동 374-5)
제일정보처리학원(중구 은행동 139-5번지 3층)

[광주광역시]

태봉컴퓨터전산학원(북구 운암동 117-13)
광주서강컴퓨터학원(북구 동림동 1310)
다음정보컴퓨터학원(광산구 신창동 1125-3 건도빌딩 4층)
광주중앙컴퓨터학원(북구 문흥동 999-3)
국제정보처리학원(북구 중흥동 279-60)
굿아이컴퓨터학원(북구 용봉동 1425-2)
나라정보처리학원(남구 진월동 438-3 4층)
두암컴퓨터학원(북구 두암동 602-9)
디지털국제컴퓨터학원(동구 서석동 25-7)
매곡컴퓨터학원(북구 매곡동 190-4)
사이버컴퓨터학원(광산구 운남동 387-37)
상일컴퓨터학원(서구 상무1동 147번지 3층)
세종컴퓨터전산학원(남구 봉선동 155-6 5층)
송정중앙컴퓨터학원(광산구 송정2동 793-7 3층)
신한국컴퓨터학원(광산구 월계동 899-10번지)
에디슨컴퓨터학원(동구 계림동 85-169)
엔터컴퓨터학원(광산구 신가동1012번지 우미아파트상가 2층 201호)

염주컴퓨터학원(서구 화정동 1035 2층)
영진정보처리학원(서구 화정2동 신동아아파트 상가 3층 302호)
이지컴퓨터학원(서구 금호동 838번지)
일류정보처리학원(서구 금호동 741-1 시영1차아파트 상가 2층)
조이컴정보처리학원(서구 치평동 1184-2번지 골든타운 304호)
중앙컴퓨터학원(서구 화정2동 834-4번지 3층)
풍암넷피아정보처리학원(서구 풍암 1123 풍암빌딩 6층)
하나정보처리학원(북구 일곡동 830-6)
양산컴퓨터학원(북구 양산동 283-48)
한성컴퓨터학원(광산구 월곡1동 56-2)

[부산광역시]

신흥정보처리학원(사하구 당리동 131번지)
경원전산학원(동래구 사직동 45-37)
동명정보처리학원(남구 용호동 408-1)
메인컴퓨터학원(사하구 괴정4동 1119-3 희망빌딩 7층)
미래컴퓨터학원(사상구 삼락동 418-36)
미래컴퓨터학원(부산진구 가야3동 301-8)
보성정보처리학원(사하구 장림2동 1052번지 삼일빌딩 2층)
영남컴퓨터학원(기장군 기장읍 대라리 97-14)
우성컴퓨터학원(사하구 괴정동 496-5 대원스포츠 2층)
중앙IT컴퓨터학원(북구 만덕2동 282-5번지)
하남컴퓨터학원(사하구 신평동 590-4)
다인컴퓨터학원(사하구 다대1동 933-19)
자유컴퓨터학원(동래구 온천3동 1468-6)
영도컴퓨터전산회계학원(영도구 봉래동3가 24번지 3층)
동아컴퓨터학원(사하구 당리동 303-11 5층)
동원컴퓨터학원(해운대구 재송동)
문현컴퓨터학원(남구 문현동 253-11)
삼성컴퓨터학원(북구 화명동 2316-1)

[대구광역시]

새빛캐드컴퓨터학원(달서구 달구벌대로 1704 삼정빌딩 7층)
해인컴퓨터학원(북구 동천동 878-3 2층)
셈틀컴퓨터학원(북구 동천동 896-3 3층)
대구컴퓨터캐드회계학원(북구 국우동 1099-1 5층)
동화컴퓨터학원(수성구 범물동 1275-1)
동화회계캐드컴퓨터학원(수성구 달구벌대로 3179 3층)
세방컴퓨터학원(수성구 범어1동 371번지 7동 301호)
네트컴퓨터학원(북구 태전동 409-21번지 3층)
배움컴퓨터학원(북구 복현2동 340-42번지 2층)
윤성컴퓨터학원(북구 복현2동 200-1번지)
명성탑컴퓨터학원(북구 침산2동 295-18번지)
911컴퓨터학원(달서구 달구벌대로 1657 4층)
메가컴퓨터학원(수성구 신매동 267-13 3층)
테라컴퓨터학원(수성구 달구벌대로 3090)

[울산광역시]

엘리트정보처리세무회계(중구 성남동 청송빌딩 2층~6층)

경남컴퓨터학원(남구 신정 2동 명성음악사3,4층)

다운컴퓨터학원(중구 다운동 776-4번지 2층)

대송컴퓨터학원(동구 대송동 174-11번지 방어진농협 대송지소 2층)

명정컴퓨터학원(중구 태화동 명정초등 BUS 정류장 옆)

크린컴퓨터학원(남구 울산병원근처-신정푸르지오 모델하우스 앞)

한국컴퓨터학원(남구 옥동 260-6번지)

한림컴퓨터학원(북구 봉화로 58 신하프라자 301호)

현대문화컴퓨터학원(북구 양정동 523번지 현대자동차문화회관 3층)

인텔컴퓨터학원(울주군 범서면 굴화리 49-5 1층)

대림컴퓨터학원(남구 신정4동 949-28 2층)

미래정보컴퓨터학원(울산시 남구 울산대학교앞 바보사거리 GS25 5층)

서진컴퓨터학원(울산시 남구 달동 1331-13 2층)

송샘컴퓨터학원(동구 방어동 281-1 우성현대 아파트상가 2, 3층)

에셋컴퓨터학원(북구 천곡동 410-6 아진복합상가 310호)

연세컴퓨터학원(남구 무거동 1536-11번지 4층)

홍천컴퓨터학원(남구 무거동(삼호동)1203-3번지)

IT컴퓨터학원(동구 화정동 855-2번지)

THC정보처리컴퓨터(울산시 남구 무거동 아이컨셉안경원 3, 4층)

TOPCLASS컴퓨터학원(울산시 동구 전하1동 301-17번지 2층)

[경기도]

샘물컴퓨터학원(여주군 여주읍 상리 331-19)

인서울컴퓨터디자인학원(안양시 동안구 관양2동 1488-35 골드빌딩 1201호)

경인디지털컴퓨터학원(부천시 원미구 춘의동 116-8 광덕프라자 3층)

에이팩스컴퓨터학원(부천시 원미구 상동 533-11 부건프라자 602호)

서울컴퓨터학원(부천시 소사구 송내동 523-3)

천재컴퓨터학원(부천시 원미구 심곡동 344-12)

대신IT컴퓨터학원(부천시 소사구 송내2동 433-25)

산아컴퓨터학원(부천시 소사구 괴안동 125-5 인광빌딩 4층)

우리컴퓨터전산회계디자인학원(부천시 원미구 심곡동 87-11)

좋은컴퓨터학원(부천시 소사구 소사본3동 277-38)

대명컴퓨터학원(부천시 원미구 중1동 1170 포도마을 삼보상가 3층)

한국컴퓨터학원(용인시 기흥구 구갈동 383-3)

삼성컴퓨터학원(안양시 만안구 안양1동 674-249 삼양빌딩 4층)

나래컴퓨터학원(안양시 만안구 안양5동 627-35 5층)

고색정보컴퓨터학원(수원시 권선구 고색동 890-169)

셀파컴퓨터회계학원(성남시 중원구 금광2동 4359 3층)

탑에듀컴퓨터학원(수원시 팔달구 팔달로2가 130-3 2층)

새빛컴퓨터학원(부천시 오정구 삼정동 318-10 3층)

부천컴퓨터학원(부천시 원미구 중1동 1141-5 다운타운빌딩 403호)

경원컴퓨터학원(수원시 영통구 매탄4동 성일아파트상가 3층)

하나탑컴퓨터학원(광명시 광명6동 374-10)

정수천컴퓨터학원(가평군 석봉로 139-1)

평택비트컴퓨터학원(평택시 비전동 756-14 2층)

[전라북도]

전주컴퓨터학원(전주시 완산구 삼천동1가 666-6)

세라컴퓨터학원(전주시 덕진구 우아동)

비트컴퓨터학원(전북 남원시 왕정동 45-15)

문화컴퓨터학원(전주시 덕진구 송천동 1가 480번지 비사벌빌딩 6층)

등용문컴퓨터학원(전주시 완산구 풍남동1가 15-6번지)

미르컴퓨터학원(전주시 덕진구 인후동1가 857-1 새마을금고 3층)

거성컴퓨터학원(군산시 명산동 14-17 반석신협 3층)

동양컴퓨터학원(군산시 나운동 487-9 SK5층)

문화컴퓨터학원(군산시 문화동 917-9)

하나컴퓨터학원(전주시 완산구 효자동1가 518-59번지 3층)

동양인터넷컴퓨터학원(전주시 완산구 삼천동1가 288-9번 203호)

골든벨컴퓨터학원(전주시 완산구 평화2동 893-1)

명성컴퓨터학원(군산시 나운1동792-4)

다울컴퓨터학원(군산시 나운동 667-7번지)

제일컴퓨터학원(남원시 도통동 583-4번지)

뉴월드컴퓨터학원(익산시 부송동 762-1 번지 1001안경원 3층)

젬컴퓨터학원(군산시 문화동 920-11)

문경컴퓨터학원(정읍시 연지동 32-11)

유일컴퓨터학원(전주시 덕진구 인후동 안골사거리 태평양약국 2층)

빌컴퓨터학원(군산시 나운동 809-1번지 라파빌딩 4층)

김상미컴퓨터학원(군산시 조촌동 903-1 시영아파트상가 2층)

아성컴퓨터학원(익산시 어양동 부영1차아파트 상가동 202호)

민컴퓨터학원(전주시 완산구 서신동 797-2번지 청담빌딩 5층)

제일컴퓨터학원(익산시 어양동 643-4번지 2층)

현대컴퓨터학원(익산시 동산동 1045-3번지 2층)

이지컴퓨터학원(군산시 동흥남동 404-8 1층)

비젼컴퓨터학원(익산시 동산동 607-4)

청어람컴퓨터학원(전주시 완산구 평화동2가 890-5 5층)

정컴퓨터학원(전주시 완산구 삼천동1가 592-1)

영재컴퓨터학원(전라북도 완주군 삼례읍 삼례리 923-23)

탑스터디컴퓨터학원(군산시 수송로 119 은하빌딩 3층)

[전라남도]

한성컴퓨터학원(여수시 문수동 82-1번지 3층)

[경상북도]

현대컴퓨터학원(경북 칠곡군 북삼읍 인평리 1078-6번지)

조은컴퓨터학원(경북 구미시 형곡동 197-2번지)

옥동컴퓨터학원(경북 안동시 옥동 765-7)

청어람컴퓨터학원(경북 영주시 영주2동 528-1)

21세기정보처리학원(경북 영주시 휴천2동 463-4 2층)

이지컴퓨터학원(경북 경주시 황성동 472-44)

한국컴퓨터학원(경북 상주시 무양동 246-5)

예일컴퓨터학원(경북 의성군 의성읍 중리동 714-2)

김복남컴퓨터학원(경북 울진군 울진읍 읍내4리 520-4)

유성정보처리학원(경북 예천군 예천읍 노하리 72-6)

제일컴퓨터학원(경북 군위군 군위읍 서부리 32-19)

미림-엠아이티컴퓨터학원(경북 포항시 북구 장성동 1355-4)

가나컴퓨터학원(경북 구미시 옥계동 631-10)

엘리트컴퓨터외국어스쿨학원(경북 경주시 동천동 826-1 번지)

송현컴퓨터학원(안동시 송현동 295-1)

[경상남도]

송기웅전산학원(창원시 진해구 석동 654-3번지 세븐스아 6층 602호)

빌게이츠컴퓨터학원(창원시 성산구 안민동 163-5번지 풍전상가 302호)

예일학원(창원시 의창구 봉곡동 144-1 401~2호)

정우컴퓨터전산회계학원(창원시 성산구 중앙동 89-3)

우리컴퓨터학원(창원시 의창구 도계동 353-13 3층)

월컴퓨터학원(김해시 장유면 대청리 대청프라자 8-412호)

이지컴스쿨학원(밀양시 내이동 북성로 71 3층)

비사벌컴퓨터학원(창녕군 창녕읍 말흘리 287-1 1층)

늘샘컴퓨터학원(함양군 함양읍 용평리 694-5 신협 3층)

도울컴퓨터학원(김해시 삼계동 1416-4 2층)

[제주도]

하나컴퓨터학원(제주시 이도동)

탐라컴퓨터학원(제주시 연동)

클릭컴퓨터학원(제주시 이도동)

[강원도]

엘리트컴퓨터학원(강릉시 교1동 927-15)

권정미컴퓨터교습소(춘천시 춘천로 316 2층)

형제컴퓨터학원(속초시 조양동 부영아파트 3동 주상 305-2호)

강릉컴퓨터교육학원(강릉시 임명로 180 3층 301호)